Monografieën van Nederlandse architecten

onder redactie van prof. Wim Crouwel, Hans van Dijk, prof. dr. Wessel Reinink en drs. Bernard Colenbrander (secr.)

op initiatief en met financiële steun van het Prins Bernhard Fonds

onder verantwoording van het Nederlands Instituut voor Architectuur en Stedebouw

Monografieën van Nederlandse architecten

Alexander Bodon

ARCHITECT

Maarten Kloos | **Fotografie: Jan Versnel**

UITGEVERIJ 010 ROTTERDAM

Documentatie

D'Laine Camp, Michelle Provoost, Rotterdam

Tekeningen

Benthem Crouwel Architekten, Amsterdam;

André Staalenhoef

Vormgeving

Reynoud Homan, Amsterdam

Druk

Rosbeek bv, Nuth

Omslagfoto

RAI Tentoonstellingsgebouw 1961, Amsterdam

Portretfoto

Philip Mechanicus, Amsterdam

Foto's boekhandel Schröder en Dupont

J. van Dijk en Zoon, Amsterdam

Foto Salon des Artistes Décorateurs

Lacheroy, Parijs

Foto informatiekantoor 'De Nederlanden van 1845'

Onbekend

Foto's Woonhuis Van Meurs

Jaap en Maarten d'Oliveira, Amsterdam

Copyright 1990

Uitgeverij 010 Publishers

Maarten Kloos (tekst)

Jan Versnel (fotografie)

CIP-gegevens

Kloos, Maarten

Alexander Bodon, architect / Maarten Kloos;

Jan Versnel (fotogr.). – Rotterdam:

Uitgeverij 010. – Ill., foto's. – (monografieën

van Nederlandse architecten; 4)

Tekst in het Nederlands en Engels.

– Met bibliogr., lit.opg.

ISBN 90-6450-087-8

SISO 716.8 UDC 72 (492)" 19" NUGI 923

Trefw.: Bodon, Alexander / bouwkunst

25 x 30 m.

1. Keuken viirhaus
2. bykeuke en verwarnings
   aggregaat
3. Slaaphamer
   2e Slaaphamer

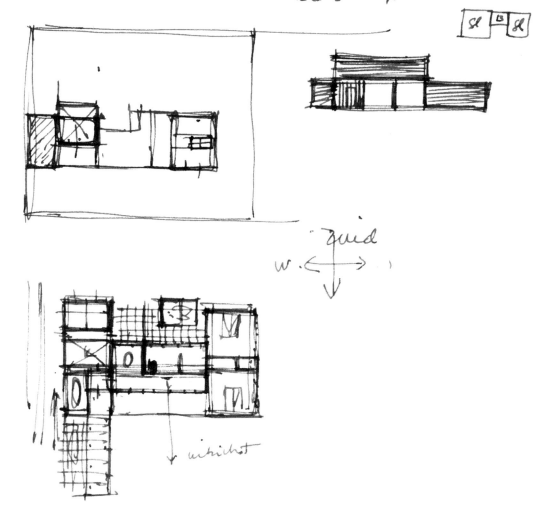

zuid

W. ←→

uitsicht

Alexander Bodon

een twintigste-eeuwse architect

■ Toen de gemeente Amsterdam in 1936 een prijsvraag uitschreef voor het ontwerp van een nieuw raadhuis beseften de architecten van de Moderne Beweging terdege dat de samenstelling van de jury niet in hun voordeel was. De meesten legden zich daarbij neer. Maar een altijd onbekend gebleven 'Comité van Amsterdamse notabelen' accepteerde de uitslag niet voetstoots en nodigde Le Corbusier uit om zijn oordeel te komen geven.[1] Deze deed wat min of meer van hem verwacht werd: hij verwierp de mening van de jury en wees zonder aarzeling het plan van M. Stam en W. van Tijen c.s. aan als het beste. De meester was mild in zijn oordeel over het plan van A. Bodon en W. la Croix en feliciteerde de ontwerpers in het bijzonder met de detaillering die hij verrukkelijk ('ravissant') vond. Het is één van de belangrijkste momenten in het leven van Bodon geweest.

■ Het ingediende plan is tamelijk ambivalent. Een driedeling in het programma van eisen heeft als vanzelf geleid tot een overtuigende geleding in drie volumes. Maar vreemd is de loskoppeling van het gebouw van de bestaande stedelijke structuur door de vorm en situering ervan. De voorgestelde verkeersoplossing – een weg die diagonaal de aanwezige pleinruimte doorsnijdt – maakt een geforceerde indruk en het feit dat het gebouw naar de nieuwe diagonaal neigt (zelfs in Bodons eigen *de 8 en Opbouw* niet begrepen) betekent een onnodige ontkenning van de stedelijke context.[2] Het plan is daardoor niet echt geslaagd te noemen, maar het is er niet minder betekenisvol door. Het is een plan vol twijfel en wellicht verwijst ook het motto 'Kruispunt' tot op zekere hoogte naar de richtingenstrijd die op dat moment binnen de kring van moderne architecten aan de gang was. Tegelijk is de samenwerking met zijn vriend La Croix, met wie Bodon een bureau had zullen beginnen als La Croix niet in de oorlog was omgekomen, de uitdrukking van hoop en verwachtingen voor de toekomst.[3] En tenslotte is het een soort krachtmeting met het werk van Le Corbusier, wiens invloed is te herkennen in de compositie van de volumes en in de manier waarop de stedelijke ordening een vervolg krijgt in het interieur. Dat het na afloop van de prijsvraag tot een persoonlijke ontmoeting kwam, waarbij Le Corbusier ook nog uitgerekend op de voor Bodon zo belangrijke kwaliteit van het detail wees, was een wonderbaarlijke belevenis.

■ Een halve eeuw na de eerste raadhuisprijsvraag is dezelfde Bodon een respectabele en gezaghebbende 'éminence grise' die een groot aantal gebouwen gerealiseerd heeft. Een oeuvre dat in brede kring geapprecieerd wordt vanwege de klare eenvoud, de openheid, de doelmatigheid – zijn '(...) gedisciplineerd functionalisme ... met veel aandacht voor de poëtische esthetiek van het moderne.'[4] Tegelijk kan geconstateerd worden dat het, juist doordat zijn vocabulaire zo duidelijk is, door de jaren heen moeilijk is gebleken zijn werk te interpreteren. Bodon heeft dat zelf in de hand gewerkt door bij diverse gelegenheden te verklaren geen theoreticus te zijn.[5] Maar deze gedachte maakt het zoeken naar een verklaring van het raadsel van de heldere beelden alleen maar tot een groter uitdaging. Het is de barrière van de eenvoud, die geslecht moet worden.

■ Eén van de aanknopingspunten is het begrip tijd en ook daarvoor is het raadhuis van Amsterdam illustratief, want hij zou zich nog jaren met dit probleem bemoeien. Als lid van de schoonheidscommissie was Bodon betrokken bij de uiteindelijke afwijzing van het plan waarmee J.F. Berghoef en J.J.M. Vegter de prijsvraag van 1936 gewonnen hadden. Bij de tweede prijsvraag in 1967 diende hij weer een plan in en aan het eind van de jaren zeventig was hij medeverantwoordelijk voor de omstreden beslissing het project van W. Holzbauer en C. Dam voor een combinatie van Stadhuis en Muziektheater te realiseren. Telkens weer is er daarbij sprake geweest van een confrontatie met zijn bronnen – met de sfeer in de jaren dertig, met zijn eigen raadhuisontwerp uit die tijd en met Le Corbusier, want hijzelf speelde uiteindelijk min of meer de rol waarvoor de Franse bouwmeester veertig jaar eerder naar Nederland was gehaald. Zo staat alles wat Bodon gedaan heeft in het teken van die lange reeks

1
Robert Mens, 'Documenten rondom Le Corbusier', in: Jos Bosman e.a. (red.), *Le Corbusier en Nederland,* Utrecht 1985, p. 54

2
'Bij eenige plannen voor het nieuwe Amsterdamsche Raadhuis', in: *de 8 en Opbouw* 11(1940), p. 63

van jaren die verlopen zijn sinds een jonge Hongaar, derdejaars student aan de afdeling interieur van de kunstnijverheidsschool in Budapest, in 1926 naar Voorburg kwam om zes maanden stage te lopen bij architect J. Wils.

■ Deze gang was niet door inhoudelijke motieven ingegeven. Bodon had Wils enkele jaren eerder bij toeval leren kennen en hem nadien nog een paar keer ontmoet, maar wist weinig van zijn werk af. Des te groter was de cultuurschok. Bij Wils, die op dat moment bezig was met het Olympisch Stadion in Amsterdam, trof hij niet alleen zijn landgenoot V. Huszár maar maakte hij ook kennis met bureauchef C. van Eesteren die nog niet zolang terug was uit Parijs, waar hij samengewerkt had met Th. van Doesburg. Huszár en Van Eesteren, beiden direct betrokken bij De Stijl, konden Bodon uit de eerste hand informeren over de beginselen van de moderne architectuur. En Bodon was overrompeld: '(...) ineens die confrontatie met Van Doesburg, Huszár, Mondriaan en de anderen. Ik was herboren (...).'[6] En: 'Het was alsof ik een nieuwe beschaving had ontdekt.'[7]

■ Geen wonder dat hij – terug in Hongarije om zijn studie af te maken – problemen kende. De Hongaarse architectuur en ook de opleiding die Bodon volgde stonden in het teken van een op de Hongaarse volkskunst en de Weense barok gebaseerde bouwstijl – de 'Hongaarse barok'. Bodon had echter het licht gezien, wilde niet meer terug en zag de juistheid van deze beslissing in toen hij korte tijd later de Duitse versie van Le Corbusiers *Vers une architecture* onder ogen kreeg. Slechts een enkeling onder zijn docenten en medestudenten bleek daar ontvankelijk voor en dus waren conflicten het gevolg – conflicten die zo hoog opliepen dat Bodon in 1927 na het maken van een ontwerp voor een studentenkamer in de trant van De Stijl (een studie-project) kon kiezen of delen: zich aanpassen of van school verdwijnen. Praktisch ingesteld als hij altijd is geweest koos Bodon voor het compromis. Hij maakte de academie af en werkte ook nadien nog bij verschillende architecten in Budapest (onder andere aan het neo-barokke Hongaarse paviljoen van architect Györgyi Dénes voor de grote internationale tentoonstelling van 1929 in Barcelona). Maar niemand kon voorkomen dat hij in datzelfde jaar – zodra hij de reis naar Nederland kon betalen – definitief zijn vaderland verliet.

De Arbeiderspers

■ In Den Haag kon Bodon komen werken bij J.W.E. Buijs en J.B. Lürsen op het moment dat zij het gebouw voor de Coöperatie 'De Volharding' in Den Haag net voltooid hadden en bezig waren met het ontwerp voor de drukkerij en het kantoor voor 'De Arbeiderspers' in Amsterdam. En ook in andere opzichten werd hij niet in zijn verwachtingen teleurgesteld. Bij Buijs – een overtuigd socialist en een eigen-zinnig en ondogmatisch architect – zag hij voor het eerst van zijn leven een modern interieur met witte wanden, een effen vloerbedekking en stalen meubelen. Hij verdiende niet veel maar werd wel dankzij Buijs opgenomen in de Haagse society en het artistieke milieu, waarin Vilmos Huszár op dat moment een belangrijke rol speelde. Zo genoot Bodon als aankomend tekenaar een paar maanden uitbundig van het leven. Maar even plotseling als hij in de Haagse kringen terecht was gekomen verdween hij er ook weer uit, want in 1930 vroeg Buijs hem vanwege zijn affiniteit met de Nieuwe Zakelijkheid de leiding op zich te nemen van de tekenkamer in het bouwbureau van De Arbeiderspers. En dat veranderde zijn leven grondig.

■ De Arbeiderspers moest een gebouw worden dat zijn allure zou ontlenen aan de esthetiek van de consequent in het zicht gelaten constructie en installaties.[8] Het bouwen ervan was een gecompliceerd proces en dus een grote uitdaging. Bodon nam de verantwoordelijke taak zeer serieus, werkte er twee jaar lang intensief aan om vervolgens met lege handen te staan. Na de voltooiing van De Arbeiderspers had Buijs geen werk meer voor hem en het harde werken had het hem onmogelijk gemaakt in Amsterdam een nieuwe vriendenkring op te bouwen. Die situatie veranderde

3
Tenzij anders vermeld is de informatie afkomstig uit gesprekken die de auteur in de zomer van 1989 met Bodon voerde

4
Ruud Brouwers, 'Schraal verjaardagsgeschenk voor Bodon', in: *Archis* 10-86, p. 2

5
Zie onder andere: Marjo van der Meulen, 'Architect Bodon: "Ik zie geen andere weg dan die ik bewandel"', in: *Het Parool,* 12 september 1986

6
Ben Kroon (red.), '"Ik kan het niet meer bij-benen"' – uitspraken van Bodon in de serie 'Wat heet mooi?', in: *De Tijd,* 15 februari 1985, p. 48-49

7
Yvonne Laudy, '"Ik heb een paar dingen gemaakt waar ik trots op ben" – laatbloeier architect Alexander Bodon volgende week tachtig jaar', in: *De Telegraaf,* 30 augustus 1986

8
Chris Rehorst, *Jan Buijs – architect van De Vol-harding,* 's-Gravenhage 1983, p. 71-83

echter snel. Bij de inrichting van De Arbeiderspers waren mede op voorspraak van Bodon stalen meubelen van de jonge firma Wed. J. Ahrend & Zn toegepast. Dit resulteerde in een kort dienstverband bij Ahrend, waar hij een nieuwe meubellijn moest ontwikkelen. Deze aanstelling, die zeer onbevredigend was omdat Ahrend uiteindelijk toch geen belangstelling had voor Bodons meubel-ontwerpen, zou van levensbelang blijken te zijn. Via Ahrend kwam Bodon in contact met de Amsterdamse boekhandelaar F.J. Dupont, die een architect zocht voor de verbouwing tot boekwinkel van een pand aan de Keizersgracht in Amsterdam, liefst een architect met gevoel voor de beginselen van het Nieuwe Bouwen.[9]

■ Bodon maakte voor 'Schröder en Dupont' één grote ruimte, waarvan het vloeiende karakter (zie de lange lijnen van de ballustrades) aan de Arbeiderspers refereerde en de kleuren (wijnrood, fel geel en blauw) naar De Stijl en Le Corbusier verwezen. Zijn naam was gemaakt toen zijn debuut de pers uiterst negatieve commentaren ontlokte. Met groot misbaar werd om opheldering gevraagd met betrekking tot dit 'ellendig vandalisme': 'Men dient te weten wie voor deze niet te qualificeren schennis onzer oude stad verantwoordelijk is.'[10] Een grote groep progressieve architecten, onder wie Duiker en Merkelbach, tekende scherp protest aan tegen het '(...) volslagen niet begrijpen van de internationale strooming van de moderne architectuur (...)'[11] Daarmee had Bodon zijn spirituele bestemming gevonden: hij werd lid van de architectengroep 'de 8'.

De Nieuwe Kunstschool

■ De erkenning in kringen van geestverwanten had niet direct nieuw werk tot gevolg. Dit is begrijpelijk, gezien de economische crisis die zich op dat moment deed voelen. Bovendien werd Bodon enkele maanden uitgeschakeld door een motorongeluk waarbij hij zijn been brak. Maar daarvan hersteld kon hij in 1934 komen werken bij Merkelbach en Karsten, waar hij zich hoofdzakelijk bezig hield met de bouw van de A.V.R.O.-studio in Hilversum – de eerste belangrijke opdracht van het bureau. Hij had als chef de bureau een groot aandeel in de detaillering en de inrichting van het gebouw dat in 1936 voltooid werd en zou later medewerkend architect worden bij de uitbreiding (1940). Het was wéér een belangrijk moment, want Merkelbach en Karsten waren tegengestelde persoonlijkheden. De eerste zag er indachtig de oorspronkelijke uitgangspunten van 'de 8' niet tegenop schoonheid aan helderheid op te offeren, de tweede was een ware kunstenaar-architect. In deze tegenstelling lag het conflict over de architectonische vorm, dat precies tussen de twee opleveringsjaren van de A.V.R.O. in zijn hoogtepunt zou kennen, besloten. De merkwaardige combinatie van rationaliteit en vormwil, die in de radiostudio te herkennen is, getuigt daar nog steeds van.

■ Ondertussen had P. Citroen in 1933 in Amsterdam de 'Nieuwe Kunstschool' opgericht. Een particuliere school van beperkte omvang, die was gemodelleerd naar het grote voorbeeld: het in datzelfde jaar gesloten Bauhaus waar Citroen vandaan kwam. Deze school zou nooit een officiële status binnen het Nederlandse onderwijssysteem krijgen, maar wel een aantal belangrijke ontwerpers afleveren. De overeenkomsten met het Bauhaus lagen in de linkse oriëntatie van de docenten en studenten, de grote nadruk op het ontwikkelen van mogelijkheden tot zelfontplooiing, op het bestuderen van de begrippenparen cultuur/natuur en techniek/materiaal, en op het multi-disciplinaire karakter van het onderwijs. De docenten, die allen een praktijk als vormgever hadden, bepaalden zelf het studieprogramma van de Nieuwe Kunstschool. Zo begonnen de cursussen van mensen met een Bauhausachtergrond, zoals Citroen (tekenen en schilderen) en H. Rose (reclame ontwerpen), met een echte 'Vorkurs', terwijl andere docenten de Bauhausdoctrine op dat punt loslieten. Bodon leidde de afdeling binnenhuisarchitectuur vanaf het moment van de oprichting in 1933 tot aan de door de oorlogsomstandigheden gedwongen opheffing van de

9
J.G. Wattjes, 'Een moderne boekwinkel – arch. A. Bodon', in: *Het Bouwbedrijf*, 9(1932)6, p. 207
10
H. Polak, 'Kroniek', in: *Het Volk*, 28 mei 1932. Geciteerd in: Pascalle Quaedvlieg, *Alexander Bodon – van Schröder en Dupont tot de RAI*, ongepubliceerde doctoraalscriptie, ontstaan nav. de ordening van het archief van Bodon in het Nederlands Architectuurinstituut, Utrecht 1983
11
'Winkelpand aan de Keizersgracht en Henri Polak's kroniek', in: *Het Volk*, 2 juni 1932, zie: Quaedvlieg, op cit., noot 10, p. 27

school in 1943 en was na het vertrek van Citroen (die in 1935 naar de Haagse Academie van Beeldende Kunsten ging) tevens secretaris van de school – een functie waarin hij, samen met onder anderen Rose, de eindverantwoordelijkheid had.

■ Zijn studenten kregen onderricht in materiaalleer, constructieleer en perspectief-tekenen. Ze moesten ontwerpen maken voor verschillende soorten kasten, tafels en stoelen, alsmede voor een interieur met bijpassende meubelen. Ze dienden bouw-kundige constructies uit te werken en de bijvakken kunstgeschiedenis (bij de kunst-historicus H.L.C. Jaffé), kleurenleer en lettertekenen te volgen. Aan het einde van de cursus moest iedere student zich met een eigen opdracht als zelfstandig ontwerper profileren. Wat Bodon vooral interesseerde in de school was het in samenwerking met kunstenaars opzetten van een schoolsysteem. Het doceren zelf boeide hem veel minder en hij bewaarde dan ook altijd een opvallend grote afstand tot het werk van zijn studenten. Hij bekeek of het werk functioneel verantwoord was en constructief goed in elkaar zat, maar oordeelde niet over de esthetische kwaliteiten ervan.[12]

Discussie

■ In dezelfde tijd waarin hij bij Merkelbach en Karsten aan de A.V.R.O.-studio werkte en zich aan het onderwijs wijdde (vlak voor en tijdens de oorlog) ontstonden, behalve het plan voor het Amsterdamse raadhuis, nog enkele prijsvraagprojecten die licht werpen op de discussie die in de jaren dertig oplaaide onder de pleitbezorgers van de moderne architectuur en op de positie van Bodon daarin. Het ontwerp voor een consultatiebureau voor zuigelingenzorg (1935) maakt in al zijn functionaliteit een nogal schematische indruk. Het plan voor een school (1942) lijkt door het opvallend sierlijke dak met zijn de vlindervormige doorsnede een oefening in lichtheid. Tussen die twee plannen in ontstond een verkeersbureau (1938) dat zijn elegantie ontleent aan decoratieve elementen. En om de betekenis van dat laatste aspect draaide de hele discussie tussen 'de 8' en de 'Groep '32'.

■ De vereniging 'de 8', in 1927 opgericht door een zestal architecten waaronder J. Groenewegen, Karsten en Merkelbach en in later jaren ook het ontmoetingspunt van J. Duiker (1928), Van Eesteren (1929) en Stam (1934), had haar uitgangspunten vastgelegd in een manifest dat gepubliceerd werd in het tijdschrift *i10*.[13] Hierin werd op een enigszins provocerende wijze gesteld: 'Het is niet uitgesloten schoon te bouwen, maar het ware beter voorshands leelijk te bouwen en doelmatig, dan parade architectuur op te trekken voor slechte plattegronden. (...) '"De 8" wil geen weelde architectuur ontsproten aan de vormenwellust van getalenteerde individuen. (...) "De 8" is a-aesthetisch. (...) "De 8" is a-romantisch.' Het was de opstap voor een recht-toe-recht-aan streven naar een nieuwe, op geavanceerde technologische mogelijk-heden gestoelde samenleving – een streven dat met architectonische argumenten kracht werd bijgezet, maar dat dankzij onder anderen Stam en J.B. van Loghem ook een politieke dimensie kende. Men onderschreef de idealen van het Nieuwe Bouwen zoals die in 1928 in La Sarraz door de CIAM waren geformuleerd: met behulp van nieuwe materialen als glas en beton moest een open vorm van bouwen worden gezocht, die door rationalisatie van het bouwproces binnen het bereik van zoveel mogelijk mensen moest komen.

■ Vier jaar na de oprichting van 'de 8' stond binnen het Genootschap Architectura et Amicitia een aantal jonge architecten op dat onder leiding van A. Staal en A. Boeken dit enigszins ingeslapen genootschap wakker wilde schudden. Zij vormden in 1932 de 'Groep '32', die eveneens de idealen van het Nieuwe Bouwen onderschreef maar tegelijk 'de 8' een te analytische invalshoek verweet en zich nadrukkelijk met de vormgeving van een nieuwe cultuur wilde bezighouden. De verwantschap tussen de twee groeperingen was echter groot genoeg om het in 1934 tot een fusie te laten komen – overigens om redenen die van de kant van 'de 8' zeer opportunistisch waren. Het jaar erop zou in het Stedelijk Museum in Amsterdam de CIAM-tentoon-

12
zie Quaedvlieg, op cit., noot 10, p. 17-19
13
i10, 1927, p. 126

stelling 'De functionele stad' gehouden worden. Deze werd door de Nederlandse afdeling van de CIAM voorbereid en Merkelbach en de zijnen hadden assistentie nodig.[14] Het is dus niet verbazingwekkend dat het niet tot een ware versmelting kwam en de jaren die volgden stonden dan ook bol van de conflicten, tegenstellingen en misverstanden, alle met betrekking tot de vraag in hoeverre de vormgeving een autonoom onderdeel mag zijn van het ontwerpproces. Nadat de barokke verbouwing van het kantoor van de verzekeringsmaatschappij 'De Tiel-Utrecht' van S. van Ravesteyn (1936) de gemoederen al had verhit vond de breuk tussen de harde kern van 'de 8' en de 'Groep '32' plaats toen in 1938 het monumentaal-symmetrische prijsvraagontwerp voor het Raadhuis van Huizen van Staal en S. van Woerden openbaar werd en Van Eesteren en Stam c.s. de ontwerpers en hun geestverwanten ervan beschuldigden alle wantoestanden en wanverhoudingen in de maatschappij '(...) te negeren, te verbloemen of te ontvluchten in uiterlijke vormen.'[15] Zeven leden van 'de 8' zegden daarop hun lidmaatschap op en de rol van de vormgeving in de architectuur stond voorlopig niet meer ter discussie.

■ Voor Bodon was het ontdekken van de Nieuwe Zakelijkheid aan het eind van de jaren twintig een openbaring, waar hij zich jaren later nog verbaasd en verheugd over toont. Het was voor hem '(...) een heel levensbeginsel, een totaal andere wereld. Gebouwen bestonden tot die tijd uit muren waarin raampjes gesneden waren en toen kwam die nieuwe architectuur, die alles openbrak.'[16] Toen Merkelbach hem in 1932 vroeg lid te worden van 'de 8' en hij tegelijk door Boeken werd uitgenodigd voor de 'Groep '32' koos hij zonder aarzelen voor 'de 8'. Hij heeft zich nooit erg actief in alle discussies geroerd, was bevriend met leden van beide groepen en is nu nog het bewijs voor de stelling dat de situatie ook niet zo helder was als zij door historici wel eens wordt voorgesteld. La Croix accepteerde bijvoorbeeld dat hun gezamenlijke ontwerp voor het Amsterdamse raadhuis een aanzet tot een vrijere behandeling van de vorm vertoont, maar behoorde een jaar later tot de ondertekenaars van het stuk waarin een dergelijke vormwil aan de kaak werd gesteld. Bodon zelf nam als medeauteur van de uitbreiding van de A.V.R.O.-studio – waarvan onderdelen volgens Stam te zeer vervuld zijn van de wens 'te bekoren'[17] – verantwoordelijkheid voor een meer decoratieve vormentaal. Hij zegt – achteraf – dat hij nooit helemaal begrepen heeft wat Van Ravesteyn in zijn latere werk bezielde, maar toonde zich in zijn ontwerp voor het verkeersbureau – getuige de krommingen in de luifel, de bovenkant van de ramen en een detail als de handgreep van de deuren – toch niet ongevoelig daarvoor.

■ In het geval van het verkeersbureau was de situatie overigens op het komische af. Bodon, die tot dan toe nooit in de prijzen was gevallen, is er jaren later nog geamuseerd over: 'Toen ik dat ontwerp een 'n beetje barok tintje gaf, kreeg ik daarvoor de eerste prijs.'[18] En het moet gezegd, het juryrapport geeft ook wel aanleiding tot vrolijkheid. Het is uitermate negatief over het ontwerp en wijst op tal van fouten: 'De wijze van voorrijden is verkeerstechnisch onjuist. (...) De verbindingstrap van de wachtruimte voor de steiger met het daaraan verbonden portaal is te bekrompen en onvoldoende op drukke dagen. Het daarvoor liggend balcon is slecht bereikbaar. De vorm van de rijwielberging onpractisch. De buitentrappen zijn te steil.' Maar er is één positief punt dat tegen dat alles opweegt: 'Dit gebouw heeft karakter.'[19] Wat de reden is geweest van wat Bodon wel zijn enige afwijking van de rechte lijn noemt is niet duidelijk. Het ontwerp kan geïnterpreteerd worden als een plaagstoot, een speels teken van protest tegen de dwingelandij van de harde kern van 'de 8'. Maar het is ook goed mogelijk dat Bodon even niet bestand was tegen het algemeen heersende cultuurpessimisme, dat onder invloed van de toenemende oorlogsdreiging links en rechts het enthousiasme om naar nieuwe wegen te zoeken temperde.[20]

Woningbouw

■ In de oorlogsjaren had Bodon, die in 1939 de Nederlandse nationaliteit aannam,

14
Ben Rebel, *Het Nieuwe Bouwen,* Assen 1983, p. 123

15
Stuk 'Aan de vergadering' (van 16 november 1938), in bezit van de familie Boeken, zie: Ben Rebel, op cit., noot 14, p. 161

16
Edith Doove, Eliane Polack, 'Van Hongaarse kunstnijverheid tot Nederlandse architectuur – een interview met Alexander Bodon', in: *Decorum,* 5(1987)5, p. 5-9

17
M. Stam, 'De radio-studio als architectonische opgave', in: *de 8 en Opbouw,* 11(1940), p. 176

18
Marjo van der Meulen, op cit., noot 5

19
'Architectura et Amicitia', ontwerpstudie no. 10 – Rapport van de Commissie van Beoordeling', in: *Bouwkundig Weekblad Architectura,* 1938, p. 69

20
Suggesties van Hein Salomonson, in een gesprek met de auteur, Amsterdam, 25 oktober 1989

aanvankelijk nog zijn werk voor de Nieuwe Kunstschool en ook was hij betrokken bij studies voor de wederopbouw van Rotterdam. Met de Doornse leergangen, waar geprobeerd werd de aanhangers van het Nieuwe Bouwen en de apostelen van de behoudende 'Delftse School' nader tot elkaar te brengen, bemoeide hij zich niet. Direct na de oorlog kon Bodon een eigen bureau oprichten en daarmee begon in vele opzichten een nieuwe fase in zijn leven en werk. Zijn eerste opdracht betrof een verzoek van *De Groene Amsterdammer* voor een ontwerp van een Monument op de Dam (1945) – een plan waarin Bodon een vergeefse poging deed de gevraagde dramatiek op een sobere manier te ensceneren en dat ook tot zijn eigen genoegen niet gerealiseerd werd. Er waren echter meer kansen, want met het begin van de wederopbouwperiode kwamen de woningbouwopdrachten en op dat gebied kon Bodon een zeker gezag doen gelden. In de oorlog was hij een actief lid geweest van de Amsterdamse kring van de studiegroep 'Architectonische verzorging van de na-oorlogse woningbouw'. Bovendien lag zijn bijdrage aan de prijsvraag voor goedkope arbeiderswoningen nog vers in het geheugen.[21]

■ Deze prijsvraag, in 1933 uitgeschreven door de gemeente Amsterdam, had tot doel gehad inzicht te krijgen in de mogelijkheden om wijken te bouwen met goede èn betaalbare arbeiderswoningen. Het uitschrijven ervan werd door 'de 8' en 'Opbouw' ervaren als steun van de overheid voor het Nieuwe Bouwen, want voorstellen ter verbetering van de volkswoningbouw hadden de verenigingen al in 1932 gedaan in een gezamenlijk advies, getiteld *De organische woonwijk in open bebouwing.* De daarin geformuleerde ideeën betreffende openheid, licht, lucht en hygiëne, de scheiding van verschillende stedelijke functies, respectievelijk de integratie van scholen, buurthuizen en groenvoorzieningen in de woonomgeving konden in het kader van de prijsvraag systematisch gevisualiseerd worden. Over het thema van deze prijsvraag werd daarom binnen de verenigingen 'de 8' en 'Opbouw' uitvoerig gediscussieerd, alvorens de leden in kleine groepjes uiteen gingen om de verschillende plannen uit te werken.

■ Hoewel de resultaten vervolgens ogenschijnlijk geen succes waren – geen van de 92 inzendingen bood in zijn totaliteit een haalbare oplossing, terwijl Van Loghem in *de 8 en Opbouw* ook weinig vernieuwende ideeën constateerde[22] – werden de problemen wel scherp gesteld en kwam bij de beoordeling een viertal intrigerende plannen boven drijven. Een daarvan was van de hand van Bodon, Groenewegen, Karsten en Merkelbach. Hun project is een waarachtig voorbeeld van strokenbouw. Lange noord-zuid gerichte blokken met vier woonlagen boven een souterrain bevatten woningen die alle dezelfde condities hebben: ontsluitingen via voor doorgaand verkeer gesloten woonstraatjes, woonkamers op het westen, slaapkamers op het oosten. Aan de straat die de wijk ontsluit liggen bejaardenwoningen met de voor-kant op het zuiden en – daartegenover – winkels met de voorkant op het noorden. De woonfilosofie die uit het plan spreekt is volledig gericht op wat de CIAM zich op het congres over rationele bouwwijzen (Brussel, 1930) voornam: het zoeken van een evenwicht tussen eisen van economische, sociale en psychologische aard. Voor Bodon c.s. was het middel bovenal de organisatie van een fundamenteel comfort op basis van een doelmatige, functionele plattegrond. Zo biedt de keuken tussen woonkamer en woonstraat de mogelijkheid zowel binnen als buiten spelende kinderen in de gaten te houden en zijn de in elkaars verlengde liggende woon- en slaapkamer slechts gescheiden door een wegneembare glaspui waardoor de kamers overdag een lichte suite kunnen vormen.

■ Een en ander bleek ook na de oorlog niet zo gemakkelijk te verwezenlijken. Diverse studies en ontwerpen van Bodon bleven – onder andere door de beperkte econo-mische mogelijkheden – in de la liggen. Hij realiseerde samen met L.H.P. Waterman een wijkje in Amsterdam (Fizeaubuurt, 1948) en werd door de Bond van Nederlandse Architecten (BNA) ingezet bij het herstel van Zeeuws-Vlaanderen waar hij, in samen-

21
F. Ottenhof, *Goedkoope arbeiderswoningen,* herdruk, Amsterdam 1981, p. 46-49
22
Ir. J.B. van Loghem, 'De Amsterdamsche prijs-vraag voor goedkoope woningen', in: *de 8 en Opbouw* 6(1935), p. 284-286

werking met een plaatselijke collega, woningen bouwde in Breskens (1950). Zowel de uitgevoerde plannen als de ontwerpen die niet gerealiseerd konden worden (onder meer eengezinswoningen voor de Amsterdamse wijken Nieuwendam en Watergraafsmeer, beide gemaakt in 1949) bleven inhoudelijk ver verwijderd van de idealen van voor de oorlog, vooral omdat de inbreng van de architect slechts de aankleding betrof nadat zaken als de oriëntatie van de woningblokken en de plattegronden al bepaald waren. Slechts in één woningbouwplan – de galerijwoningen in Amsterdam-Slotermeer (1958), gebouwd in het kader van Van Eesterens Algemeen Uitbreidingsplan (AUP) uit 1935 – haalde Bodon ruimtelijk en organisatorisch de kwaliteit die hem voortdurend voor ogen heeft gestaan. Maar hoe tevreden Bodon ook was over het eindresultaat, hij was toen al uitgekeken op de woningbouw waarin door de zeer beperkte financiële marges geen vooruitgang mogelijk was.

■ Jaren later kan hij er nog boos over worden: 'In de huidige Nederlandse architectuur', zei hij in 1986, 'springt vooral de woningbouw in het oog. Daarbij is armoe troef, het is een verschrikking, alles is even hokkerig (...), de vormen die men kiest zijn uit de tijd.'[23] Wat hem vooral altijd heeft gestoken is dat in de moderne woningbouw nauwelijks gebruik wordt gemaakt van eigentijdse verworvenheden van de techniek. 'Elk huis lijkt ambachtelijk tot stand te komen. Auto's, vliegtuigen, ze worden allemaal steeds beter en mooier, maar in de woningbouw heerst een verstikkende atmosfeer, er zit totaal geen ontwikkeling in.'[24] Deze frustratie is begrijpelijk wanneer men beseft dat Bodon al vanaf zijn vroegste jeugd geïnteresseerd was in de techniek en vooral de vorderingen in de vliegtuigbouw en de ruimtevaart altijd op de voet gevolgd heeft. Het is de reden waarom Le Corbusiers *Vers une architecture*, waarin beelden uit de architectuur en de scheepsbouw vervloeien, hem zo kon raken. Het is de basis waarop hij een grote liefde ontplooide voor het technisch detail, dat vanzelfsprekend, zichtbaar maar zonder zich op te dringen onderdeel van het ontwerp moet zijn: 'Ik gebruik de techniek die voorhanden is en dat komt ook tot uitdrukking in de vormgeving'. Ieder constructief element moet zo toegepast worden '(...) dat het logisch in een gebouw zit of het gebouw er logisch omheen zit.'[25] Deze uitspraak – onlosmakelijk verbonden met de Nieuwe Zakelijkheid – had Bodon ook aan het begin van de jaren dertig kunnen doen, maar inmiddels waren de maatschappelijke omstandigheden veranderd en waren er veel meer mogelijkheden de gedachte in praktijk te brengen. Dankzij het feit dat de zich langzamerhand aandienende welvaart hem ander werk begon op te leveren en hij inmiddels betrokken was bij de nieuwbouwplannen van de RAI kon Bodon het zich rond 1960 – toen wéér een woningbouwplan kapotbezuinigd was – permitteren geen opdrachten in die sector meer te aanvaarden.

RAI

■ De RAI (oorspronkelijk de afkorting van 'Rijwiel- en Automobiel Industrie') was tot 1958 een zelfstandige organisatie. Deze had in 1922 een tentoonstellingsgebouw laten bouwen aan de rand van de negentiende-eeuwse stad. Toen in 1950 een lokatie werd gezocht voor een nieuw en groter gebouw werd weer naar de stadsrand gekeken en een plek gevonden in de nabijheid van invalswegen uit alle windhoeken en het al jaren voorziene tracé van de toekomstige ringspoorbaan. Om tot een verantwoorde architectenkeuze te komen vroeg de RAI advies aan de Bond van Nederlandse Architecten (BNA), die drie architecten, te weten Boeken, J.W.H.C. Pot en Bodon, voordroeg. Laatstgenoemde kreeg de opdracht. Daarmee begon een lange periode waarin in dialoog met de opdrachtgever een aantal verschillende ontwerpen voor het tentoonstellingscomplex werd gemaakt. Dit gebeurde bijna op de tast, want bij de aanvang van het proces in 1951 was er van een concreet programma van eisen nog geen sprake.

■ Het eerste ontwerp dat voorzag in twee grote en drie kleine hallen (in totaal

23
Tracy Metz, '"Ik droomde van rode, blauwe en gele vlakken" – gesprek met architect A. Bodon', in: *NRC Handelsblad,* 5 september 1986
24
Tracy Metz, op cit., noot 23
25
Edith Doove, Eliane Polack, op cit., noot 16, p. 8-9

30.000 vierkante meter) was te groot en te duur. In het tweede (1952) was de oppervlakte bijna gehalveerd en in het derde (1955) waren een congrescentrum en een ondergrondse parkeergarage toegevoegd. Vervolgens stagneerden de ontwikkelingen, want de jaren 1956/57 brachten een bestedingsbeperking van de overheid en een bouwstop. Toen de vooruitzichten verbeterden werd de zaak met hernieuwde energie aangepakt. Omdat het duidelijk was dat de RAI de nieuwbouw niet op eigen kracht zou kunnen financieren werd een samenwerkingsovereenkomst met de gemeente Amsterdam gesloten. Dit had tot gevolg dat Merkelbach, sinds 1956 stadsarchitect van Amsterdam, aan het bouwteam werd toegevoegd. De RAI meende vervolgens op haar beurt te moeten constateren dat de denkwereld van Merkelbach en Bodon '(...) zo ver van hen af lag, dat zij het niet zouden kunnen stellen zonder een tolk die hun ideeën en wensen zou kunnen vertalen.'[26] Deze tolk werd architect R. Fledderus die als lid van de bouwcommissie van de RAI op minstens één moment een zeer belangrijke inbreng had.

■ In alle voorstellen die tot dan toe gemaakt waren was het gebouw met zijn front gericht geweest op de oude stad en met name Van Eesteren, die in die tijd aan het hoofd stond van de afdeling Stadsontwikkeling, zou het hele complex graag 180 graden gedraaid zien (onder andere uit verkeerstechnische overwegingen). Het was Fledderus die suggereerde het gebouw niet 180 maar 90 graden te draaien en een voorplein te geven aan de Europa boulevard. Bodon was het met Fledderus eens maar ging alleen akkoord onder voorwaarde dat hij een geheel nieuw plan kon maken. En pas bij het werken aan dit laatste, naar later zou blijken definitieve plan (waaruit het congrescentrum en de parkeergarage weer verdwenen waren), is de idee geboren voor de spectaculaire opzet van de hal: een grote neutrale ruimte, overspannen door parabolische spanten op betonnen jukken die ondergronds via trekstangen met elkaar verbonden zijn.

■ In 1958 kwam de toestemming om te gaan bouwen en drie jaar later kon het gebouw feestelijk geopend worden – een gebeurtenis met een enorme uitstraling waaraan de kranten speciale bijlagen vol met jubelende artikelen wijdden. En de RAI ging dóór. In 1963 werd een kleine uitbreiding van het expositieoppervlak gerealiseerd, anderhalf jaar later het Congrescentrum. In 1969 werd de Amstelhal voltooid en in 1982 het complex met drie grote hallen ten zuiden van het bestaande gedeelte. De betekenis van deze laatste uitbreiding is knap verwoord door de architectuur-criticus I. Salomons: 'Binnen de huidige stand van zaken in de architectuur is de RAI een belangrijk feit. (...) Het blijkt nog steeds mogelijk dat een modern gebouw meehelpt stedelijke ruimtes vorm te geven en een stadsbeeld op een karakteristieke nieuwe manier te bepalen. Tegenover de verwarring over de vraag welke kant we op moeten met de architectuur geeft dit grote maar bescheiden gebouw, dat niets meer betekent of voorstelt dan zichzelf en de plaats die het inneemt in ruimte en licht, een richting aan waarbinnen de architectuur van de komende jaren zich op een vanzelfsprekende manier verder kan ontwikkelen.'[27]

■ Opvallend is ook het algemene gevoel van tevredenheid dat dit dertig jaar lange proces van plannen maken en bouwen gekenmerkt heeft. Bodon zelf zegt over de RAI: 'Ik denk dat ik ermee heb bewezen dat functionele architectuur aantrekkelijk, open, warm en vriendelijk kan zijn.'[28] De illustere criticus J.J. Vriend meende in de eerste fase hier en daar nog een weifeling in de architectuur te herkennen, maar na het Congrescentrum is hij overtuigd.[29] Kritiek kwam van Vriends collega A. Buffinga die sprak van hallen en zalen, 'op slordige wijze over 'n maatloos terrein uitgesmeerd (...)', en van een complex met een '(...) brijkarakter waarvoor ontwerper Bodon zich eigenlijk diep moest schamen.'[30] Maar Buffinga stond alleen. Na de laatste uitbreiding waren er bij diverse gelegenheden prijzen voor opdrachtgever en architect en uit alle woorden van lof die daarbij gesproken werden blijkt vooral dat Bodon zich ontwikkeld had tot een architect die goed functioneerde in het bouwteam. Hij bleek greep

26
Mr. Th. van der Meer, president-commissaris RAI-Gebouw bv, in: *rede bij de aanvaarding van de BNA-kubus*, Amsterdam, 18 oktober 1984

27
Izak Salomons, De frisse nieuwe hallen van de RAI, in: *Forum* 27(1982)4, p. 5

28
Yvonne Laudy, op cit., noot 7

29
J.J. Vriend, 'Er kunnen meer congressen worden gehouden (in Amsterdam)', in: *De Groene Amsterdammer*, 23 januari 1965

30
A. Buffinga, 'Gaat Haags congresgebouw het winnen van het Amsterdamse?', in: *Haagsche Courant*, 13 februari 1965

te hebben op zowel organisatorische als vormtechnische problemen en wist het vertrouwen van zijn medewerkers te winnen, onder andere door goed te delegeren. Deze eigenschappen hebben er waarschijnlijk in niet geringe mate toe bijgedragen dat hij vanaf het begin van de jaren vijftig ook een hele reeks bijzondere opdrachten kreeg.

Bijzondere opdrachten

■ De start van deze reeks was weinig gelukkig. De bouw van een fabriek voor Van Melle's Biscuit- en Toffeefabrieken in Rotterdam (1950) – ontworpen samen met de architect met wie hij in Breskens een woningbouwplan realiseerde en die familie-banden had met Van Melle – was één grote frustratie. De opzet van het project is helder. De produktie vindt plaats in een grote, klassieke fabriekshal (een met bak-steen ingevuld betonskelet met sheddaken) en de kantoren zijn ondergebracht in een doosvormig volume aan één van de uiteinden. Maar vooral bij de aankleding van dit meer representatieve gedeelte van het complex heeft Bodon, getuige de sier-betonnen raamomlijstingen, meer compromissen moeten accepteren dan hem lief was. Zo mogelijk nog vervelender was de geschiedenis van een project voor het hoofdkantoor van de emballagefabriek Van Leer (1950). Een meervoudige opdracht, met de Amsterdamse Schoonheidscommissie onder voorzitterschap van Merkelbach als jury, werd door Bodon gewonnen, maar de opdracht kreeg hij nooit. Daarna ging het echter beter.

■ In 1953 was A.J. van der Steur overleden. Hij was een markant architect die dichter bij de traditionalistische Delftse School dan bij het Nieuwe Bouwen stond en een zeker classicisme niet schuwde. Als medewerker van het Bouwkundig Weekblad stelde hij zich in de jaren 1928-32 kritisch en polemisch op ten aanzien van alles wat op nieuwlichterij leek en introduceerde hij in 1929 de term 'Neue Sachlichkeit' in Nederland.[31] Als jurylid was hij betrokken bij de prijsvraag voor goedkope arbeiders-woningen. Kort voor zijn dood had Van der Steur de wens te kennen gegeven dat Bodon zich over zijn persoonlijke opdrachtenpakket zou ontfermen. En na onder-handelingen die werden vergemakkelijkt door het feit dat Bodon de opdracht voor de RAI had (het bureau kon de opdracht gebruiken en Bodon assistentie) trad Bodon toe tot het bureau dat eerst onder de vlag Van Bruggen, Drexhage, Sterkenburg, Bodon zou varen en later bekend zou worden als het bureau Drexhage, Sterkenburg, Bodon en Venstra (DSBV).

■ In de jaren die volgden ontstond het Lumière Theater in Rotterdam (met A. Krijgs-man, 1955) en was Bodon uitvoerend architect bij de bouw van het door Merkelbach en Elling ontworpen Gemeenschappelijk Administratie Kantoor (1960) – met zijn twaalf lagen hoge glasgevels een trots baken in Amsterdam-Nieuw West. Zijn eerste eigen werk bij zijn nieuwe bureau was het kantoorgebouw van de Eerste Neder-landsche Verzekering-Maatschappij aan de Coolsingel in Rotterdam (1960) – een opdracht die hij nog rechtstreeks aan Van der Steur te danken had. Ten tijde van diens overlijden was de bouw van het door hem ontworpen hoofdkantoor van deze maat-schappij in Den Haag – een statig gebouw, geraffineerd gesitueerd in een breed uitgelegd stuk Haagse periferie – in volle gang en Bodon had samen met binnenhuis-architecte Titia Bodon de prijsvraag voor het interieurontwerp gewonnen. Hij voltooide het werk in 1956 en kreeg vervolgens de opdracht voor het gebouw in Rotterdam. Dit werd een gebouw met alle kenmerken van zowel de tijd waarin het ontstond als van de ontwerper. Op de begane grond zijn winkels en een café-restaurant gesitueerd, op de verdiepingen verhuurbare kantoorruimte, waaraan tegen het eind van de jaren vijftig in Rotterdam veel behoefte was. Daarnaast heeft het feit dat met het ruim honderd meter lange gebouw de oostwand van de Coolsingel voltooid werd zeker meegespeeld bij het ontwerpen.

■ De architectonische vertaling van het programma van eisen leverde een heel

Corbusiaans beeld op. Het compromisloos moderne gebouw, ongegeneerd contrasterend met de neo-renaissance van het raadhuis (H. Evers, 1920), lijkt ondanks zijn forsheid bijna te zweven dankzij de samentrekking van de eerste twee lagen (het had op 'pilotis' kunnen staan). Daarboven is er sprake van een duidelijke straatwand en de hoogste kantoorlagen zijn teruggelegd en kunnen geïnterpreteerd worden als een dakopbouw. De zo ontstane klassieke driedeling is een geliefd middel van Bodon dat hij hanteerde van het ontwerp voor het kantoor van Van Leer tot en met de laatste RAI-uitbreiding. Naar aanleiding van de woningen in Amsterdam-Slotermeer heeft hij ooit gezegd: 'Aan de plattegrond is niets opvallends te zien. Maar goed vind ik de duidelijke geleding van de gevels: basement, middendeel, beëindiging aan de bovenzijde. Vooral dit element had altijd mijn zorg; doosvormige bouwsels zonder duidelijke beëindiging vind ik niet zo mooi.'[32]

Ruimtelijke continuïteit

■ Blijkt zo bij het bestuderen van het werk uit de jaren vijftig en zestig de ordening van het beeld een grote rol te spelen, tegelijk doemt daarachter een ander thema op dat minstens zo belangrijk is. Het spoor begint bij enkele villa's die hij ontwerpt, zoals bijvoorbeeld de villa Royer in Hilversum (1953). Het is een bungalow waarvan de organisatie berust op een ontsluiting via lange lijnen, platte vlakken en haakse hoeken. Binnen lijkt de ruimte als het ware terloops afgescheiden van de onmetelijke buitenruimte, want in het hart van het huis staat men dankzij een grote glaswand ook bijna weer buiten en de hele inrichting versterkt dit idee van ruimtelijke continuïteit. Lange zichtlijnen doorsnijden het huis en kastenwanden zijn los gehouden van het plafond waardoor dit laatste doorloopt van de ene ruimte in de andere. Deze ruimtebehandeling wijst op een duidelijke fascinatie van Bodon: het ongemerkt manipuleren van de relatie tussen binnen en buiten. Hij lijkt een gave te hebben voor het afschermen van de ruimte zonder deze af te snijden van de niet-begrensde ruimte. In zijn gebouwen is er op cruciale punten bijna altijd sprake van een dialoog tussen de fysieke beschutting en het licht van buiten. Het is zichtbaar in de boekhandel van Schröder en Dupont, het is een wezenlijk element in zijn villa's en ook in de RAI.

■ Van de eerste fase van de RAI is vaak geroemd hoe bescheiden de enorme ruimte zich presenteert. Dit heeft alles te maken met de grote hoeveelheid licht die vooral via de kopgevels binnentreedt. Het Congrescentrum maakt op het eerste gezicht een tamelijk gesloten indruk doordat de stijlen van de glaspui en de verticale lamellen van de zonwering één systeem lijken te vormen. Dit beeld bevestigt naar buiten toe de indruk dat binnen beschutting te vinden is, maar binnen is er onverwachts ook een grote openheid dankzij brede trappen, grote vides en het uitzicht. De drie hallen van de laatste uitbreiding lijken van buiten de ruimte angstvallig vast te willen houden, maar binnen lijken de daken vrij in de lucht te hangen.

■ Een andere categorie vormen de gebouwen met een open begane grond. In het Apollo Hotel in Amsterdam (1962, met medewerking van J.H. Ploeger) worden de gasten ontvangen in een open lounge en is vanaf de entree aan de ene kant van het gebouw het water aan de andere kant te zien. Ook in het kantoor van AKZO in Arnhem (1971) is de bezoeker al lang en breed binnen voordat dat visueel wordt bevestigd. Het middel is in beide gebouwen een hal van gevel tot gevel met glas van vloer tot plafond. In de beste gevallen zijn bij Bodon de situering van het bouwwerk en de ontsluiting zo op elkaar afgestemd dat de overgang van buiten naar binnen als in een scenario geprogrammeerd lijkt. Het is te zien in het Opleidingscentrum van de Hoogovens in IJmuiden (1966) waar de wandeling naar de entree langs een gesloten deel van het gebouw naar een zich breeduit openstellende hal leidt. Nog fraaier is het zichtbaar in de villa 'De Leperkoen' (Lunteren, 1948), waar de voordeur pas gevonden wordt aan het einde van een boswandeling die onnodig lang zou zijn als

32
Lezing van Bodon, afdeling Bouwkunde van de Technische Universiteit Delft (8 november 1983), Academie van Bouwkunst, Amsterdam (16 februari 1984)

zij niet zo idyllisch was en eerst langs de gesloten kopgevel van het huis voerde.

■ Waar Bodons werk zich in zijn ruimtelijke ordening laat vergelijken met dat van Le Corbusier dringen zich hier ook andere namen op. In zijn neiging de fysieke beschutting visueel te relativeren toont Bodon een verwantschap met Mies van der Rohe. De situering van Bodons gebouwen en de ontvangst in een hal van meestal beperkte afmetingen waarachter de ruimte zich echter altijd opent, verwijdt of verhoogt, verwijst naar Aalto en de Finse gewoonte in het algemeen om de toegang tot het gebouw te zien als een sluis tussen binnen en buiten. De meest complete ervaring biedt in dit opzicht het kantoor van Estel in Nijmegen (1976). Het is door zijn terrassenstructuur één geworden met de heuvel waarop het staat. De lage hal lijkt doordat er dwars door het gebouw uitzicht op het lager gelegen polderlandschap wordt geboden, op het eerste gezicht kleiner dan hij is, maar blijkt met al zijn voortzettingen bijna de helft van de begane grond in beslag te nemen. Zo is het interieur als onafscheidelijk deel van de totale ruimte één van de belangrijkste fundamenten van Bodons werk en des te interessanter is het te constateren dat wat Bodon op dat gebied gedaan heeft een afspiegeling is van zijn hele loopbaan.

Meubelen en interieurs

■ Een stoelontwerp uit 1926, gemaakt in de tijd dat hij bij Wils werkte, is met zijn doorschietende houten delen, waarvan de kopse kanten een eigen kleur hebben, een karikatuur van De Stijl. Maar een buffet voor Van Eesteren (1932) en een stapelbare stoel voor de A.V.R.O.-studio (1938) zijn onopgesmukte meubelstukken die de ware functionalist tonen. Het ontwerp van een interieur voor een vriend in Hongarije, ontstaan in de tijd dat hij bij Buijs werkte (1929), wordt door L. Juhász (die het realiseerde) in zijn monografie over Bodon terecht 'een ruimtelijke Mondriaan' genoemd.[33] Maar bij een groot aantal verbouwingen na de oorlog is een stijl gerijpt die minder spectaculair is en in zijn terughoudendheid van een grote beschaving getuigt. Deze stijl kreeg voor het eerst gestalte in de verbouwing van een grote winkelruimte in het Hirsch-gebouw in Amsterdam (1948, met Salomonson) en vervolgens in het informatiekantoor van 'De Nederlanden van 1845' (1952, met Titia Bodon) en het Amsterdamse Passagebureau voor de KLM (1962, met Salomonson). In een lovend artikel over de verbouwing van Hirsch constateert Boeken dat de kwaliteit van het interieur is bereikt '(...) door veel weg en door te breken en het resterende de juiste vorm, oppervlak en kleur te geven onder toevoeging slechts van de elementen, die de ruimte tot winkel stempelen.'[34] Daarmee slaat Boeken de spijker op de kop: Bodon bereikt het beste resultaat wanneer hij de ruimte heeft om met minimale ingrepen te volstaan. Dit komt vooral tot uitdrukking in de tentoonstellingsontwerpen die van 1937 tot in het begin van de jaren vijftig een substantieel onderdeel van zijn werk waren en alleen al om die reden een belangrijke plaats in Bodons oeuvre innemen.

■ De belangstelling voor het inrichten van tentoonstellingen was aanvankelijk noodgedwongen. Veel architecten (behalve Bodon ook mensen als La Croix, Groenewegen, K. Limperg en Rietveld) grepen in de jaren volgend op de crisis uit financiële overwegingen dankbaar iedere opdracht aan, zo ook het ontwerpen van stands op beurzen en jaarmarkten. Een belangrijke bron van inspiratie was de Jaarbeurs in Utrecht, die na de Eerste Wereldoorlog een centrum voor handel en industrie van internationale allure was geworden. En een belangrijk jaar was 1941, toen alle import in Nederland door de Duitse bezetting stil was komen te liggen en de voor- en najaarsbeurs vooral moesten laten zien dat de nationale produktie in de behoefte kon voorzien.

■ Er werden diverse opdrachten gegeven aan docenten en studenten van de Nieuwe Kunstschool en bij deze gelegenheid ontwierp Bodon samen met Rose de collectieve stand van zeven voedsel- en kruideniersfirma's, verenigd onder de naam Fabrikanten

33
László Juhász, *Alexander Bodon*, Budapest 1977, p. 9

34
A. Boeken, 'Enkele aantekeningen bij de verbouwing van Hirsch & Cie te Amsterdam', in: *Forum*, 3(1948), p. 339

en Importeurs van Verbruiksartikelen (F.I.V.A.). De bedoeling was de aandacht te vestigen op zowel de bedrijven afzonderlijk als het groepsverband. Om die reden werd een grote, lichte stand ontworpen. Onder het uitgestrekte verlaagde plafond (symbool van eenheid) stonden de verscheidene produkten uitgestald op zeven tafels, alle gemaakt van hetzelfde materiaal maar verschillend van vorm. Het was een opvallend levendige en uitdagende stand, die de nodige reacties losmaakte. In *de 8 en Opbouw* prees Merkelbach de eenvoud en vooral het feit dat de produkten waar het om ging de aankleding vormden. Hij noemde de stand 'een oase' in de Jaarbeurs.[35] Eén van de zeven firma's was echter dermate ontevreden over de presentatie van haar artikelen dat zij haar hoek na de opening van de beurs afbrak en naar eigen inzicht herbouwde. Een half jaar later bevestigde Bodon zijn kwaliteiten met een drietal stands op de najaarsbeurs en trok vooral zijn ontwerp voor de Wolfabriek Wed. W.S. van Schuppen, een heel bescheiden interieur met sober meubilair van Gispen en alleen verlevendigd met behulp van het kleurige produkt, de aandacht.[36] Deze stand is een volmaakt voorbeeld van wat Bodon beoogde bij het inrichten: alle middelen die architectuur, techniek en reclame te bieden hebben samenbrengen in een verstandelijke ordening met een zo groot mogelijke propagandistische waarde.

■ Van een geheel andere karakter waren de tentoonstellingen die kort voor de oorlog en in de eerste jaren daarvan, mild docerend, de mogelijkheden van het moderne interieur toonden. In 1938 opende de Amsterdamse meubelzaak Metz & Co. na een verbouwing door Rietveld een toonzaal met de expositie 'Het nieuwe meubel'. Onder de deelnemende ontwerpers – voor het merendeel lid van 'de 8' – waren Rietveld, Salomonson, Stam èn Bodon. Hen werd gevraagd voorbeelden van functioneel en betaalbaar meubilair te ontwerpen en Bodon bracht de zijne – eenvoudige en lichte meubelstukken als een schrijftafel, een bank, een naaitafel en een jalouziekast – samen in een 'meisjes studeer-zitkamer', ingericht in het tuinhuis van Metz. Het was een charmant kamertje, typerend voor het jaar van ontstaan – het jaar van de breuk tussen 'de 8' en de 'Groep '32' – en dat kwam ook tot uitdrukking in alles wat erover gezegd en geschreven werd. In zijn openingstoespraak sprak Van Ravesteyn (wellicht bewust provocerend) van het meubel als een 'objet d'art'.[37] Van Tijen noemde de kamer van Bodon 'een luchtig aardig geval', maar verweet de ontwerper dat hij te gemakkelijk omsprong met een aspect als de gebruikswaarde.[38] Bodon zelf zou later zeggen: 'Ik heb mij in dit ontwerp door een zweem van romantiek laten verleiden. Het is een ontwerp welk ik niet graag meer terug zie.'[39]

■ Twee jaar later organiseerde Metz een vergelijkbare tentoonstelling, maar deze keer deed Bodon niet mee. Dat stelde hem in staat een recensie te schrijven waarin hij het moderne meubel omschrijft als een functioneel en pretentieloos object dat goed van proporties, smaakvol van kleur en vernuftig geconstrueerd moet zijn.[40] Deze criteria werden in datzelfde jaar ingezet bij de voorbereiding van een grote, educatieve tentoonstelling die in de zomer van 1940 in het Stedelijk Museum in Amsterdam had moeten plaats vinden. Het initiatief tot het samenstellen van deze tentoonstelling was afkomstig van het toenmalige gemeentebestuur van Amsterdam en tot de stuwende krachten behoorden Van Eesteren en W.J.H.B. Sandberg, conservator van het Stedelijk Museum. Het doel van de tentoonstelling was het in brede kring wekken van belangstelling voor het interieur als een belangrijke kunstuiting. Daartoe zou de hele eerste verdieping van het museum worden ingericht met voorbeelden van eigentijds interieur, te ontwerpen door vertegenwoordigers van het Nieuwe Bouwen in Nederland.[41]

■ Tot veler teleurstelling kon de tentoonstelling in het eerste oorlogsjaar niet doorgaan en toen het een jaar later wel lukte was de opzet een geheel andere, mede op voorstel van Bodon. Hij had naar aanleiding van de eerste opzet al geschreven het wenselijk te achten naast vooruitstrevende interieurs '(...) ook de veranderende levenshouding, welke tot de nieuwe woonvormen en interieurs geleid heeft, uit te

35
B. Merkelbach, 'F.I.V.A.-stand', in: *de 8 en Opbouw* 12(1941), p. 51

36
H.L.C. Jaffé, 'Najaarsbeurs Utrecht 1941', in: *de 8 en Opbouw* 12(1941), p. 145-156

37
'Rede uitgesproken door ir. S. van Ravesteyn bij de opening van de meubeltentoonstelling van de firma Metz & Co. te Amsterdam', in: *de 8 en Opbouw* 9(1938), p. 21

38
W. van Tijen, 'Beschouwing over de tentoonstelling bij Metz & Co.', in: *de 8 en Opbouw* 9(1938), p. 30

39
Interview d.d. 6 mei 1983, in: Quaedvlieg, op cit., noot 10, p. 40

40
A. Bodon, 'Meubeltentoonstelling bij Metz & Co', in: *de 8 en Opbouw* 11(1940), p. 217-223

41
'In Holland staat een huis', in: *de 8 en Opbouw*, 12(1941), p. 15-44

beelden.'[42] En dat gebeurde nu. Onder de titel 'In Holland staat een huis' was in de zomer van 1941 een tentoonstelling te zien rond het thema 'het interieur van 1800 tot heden'. Daarin werden zes stijlperioden onderscheiden en uit iedere periode werden drie kamers gereconstrueerd: een woonkamer, een slaapkamer en een vertrek waarin een specifiek element van het betreffende tijdsgewricht kon worden belicht. Bodon richtte de moderne afdeling in. Zijn woonkamer was een gecombineerde eet- en zit-kamer, waaruit het traditionele siermeubel is geweerd en waarin in plaats daarvan alleen licht verplaatsbaar meubilair is toegepast: een rechte tafel met vier stoelen, een dressoir, een rotan bank, eenvoudige fauteuils en een laag tafeltje. De slaap-kamer was een sublieme verbeelding van de overtuiging die aan het Nieuwe Bouwen ten grondslag lag. 'In dit slaapkamer vertrek van onze eigen tijd is een geheel nieuwe en frisse atmosfeer geschapen door het bewuste contact, dat er tussen interieur en vrije natuur is gelegd. Licht en lucht stromen rijkelijk toe en geven frisheid en leven-dige kleur aan de kamer en het spaarzame en eenvoudige meubilair. Hygiëne en helderheid zijn wel de bijzondere kenmerken van dit luchtige vertrek (...). De grote foto's (van water en wolkenluchten, MK) tegen de muur van het ruime terras aange-bracht illustreren de drang van de moderne mens om zich buitenshuis in sport en openluchtspel uit te leven.'[43]

■ Het derde vertrek werd een kamer voor een kunstverzamelaar anno 1940. Hem was een zolder toebedeeld waar zijn collectie kon worden ondergebracht in uitschuif-bare rekken. Uitgaande van de gedachte dat iemand zich maar op één beeld tegelijk kan concentreren kon slechts één schilderij tegelijk tevoorschijn gehaald worden. Deze kamer was het meest illustratief voor wat Bodon beoogt. Weliswaar waren de in het Stedelijk Museum ingerichte interieurs alle drie licht en waren in alle drie archi-tectuur en inrichting tot een geheel gesmeed met behulp van meubelen van Metz en Gispen (ontwerpen van onder anderen Rietveld, Stam en Aalto), maar de kamer voor de kunstverzamelaar was daarbij een bijna perfecte verbeelding van de 'machine à habiter' van Le Corbusier. De reacties waren zeer verschillend. Krantencommentaren waren negatief. 'Zelfs de ergste nieuwlichter moet toch wel gaan twijfelen wanneer hij een "tafel" ziet als de tentoongestelde (in de kamer van de kunstverzamelaar, MK), bestaande uit een zware matglazen plaat, getorst door twee poten, ongeveer dertig centimeter hoog en bestaande ieder uit drie aan elkander gemetselde bak-stenen.'[44] In eigen kring kreeg Bodon alle lof. Ida Falkenberg-Liefrinck prees de 'zuivere, klare ruimte' en Hein Salomonson sprak van een 'opwekkend voorbeeld tot een waardige manier van wonen.'[45] Onverwachte bijval was er ook. Een verslaggever van het populaire tijdschrift *Wereldkroniek* was blij verrast door de moderne interieurs en kwam bij het zien ervan op de gedachte dat de mensen '(...) meer aan het essen-tiële van het leven zijn gaan hechten (...) en minder aan het representatieve via het uiterlijke (...).'[46] Vooral die reactie moet Bodon goed hebben gedaan.

■ Ook na de oorlog was Bodon nog een aantal jaren betrokken bij de inrichting van tentoonstellingen. Het Nederlandse textielwezen vroeg hem stands in te richten op beurzen in binnen- en buitenland. Met Salomonson verzorgde hij twee keer (in 1949 en 1953) de Nederlandse inzending naar de 'Salon des Artistes Décorateurs' in het Grand Palais in Parijs en maakte hij een plan voor de tentoonstelling 'Mijlpaal 1950', die – wanneer hij doorgegaan was – een beeld had gegeven van wat in de eerste vijf jaar van de wederopbouw tot stand was gebracht.[47] Het ontwerp hiervan is niet opzienbarend, maar biedt wel de mogelijkheid tot een verhelderende terugkoppeling. In 1935 was *De Groene Amsterdammer* naar aanleiding van de wereldtentoonstelling in Brussel namelijk op het idee gekomen een vergelijkbare expositie in 1940 in Amsterdam te organiseren. Het thema moest 'communicatie en verkeer' zijn en voor het ontwerp ervan zochten de initiatiefnemers contact met 'de 8' die een werkgroep vormde, bestaande uit Groenewegen, Van Woerden en Bodon. Dit drietal maakte een zeer ambitieus plan waarvan ook Bodon later heeft toegegeven dat het niet zo

42
Brief van Bodon aan Sandberg, d.d. 23 januari 1940, archief Stedelijk Museum, geciteerd in Quaedvlieg, op cit., noot 10, p. 42

43
In Holland staat een huis, catalogus Stedelijk Museum, Amsterdam 1941, p. 58

44
Nederlandsch Dagblad, 23 juli 1941, geciteerd in: Quaedvlieg, op cit., noot 10, p. 48

45
Ida Falkenberg-Liefrinck, 'Tentoonstelling "In Holland staat een huis"', Hein Salomonson, 'Wij en het verleden', in: *de 8 en Opbouw* 12(1941), resp. p. 109 en 113

46
A. Glavimans, 'Een huis in het Holland van heden', in: *Wereldkroniek*, 23 augustus 1941, p. 6

47
Plantoelichting van Bodon en Salomonson, opgenomen in: B. Hendriks, 'Torens van Babel – Nederland tentoonstellingsland?', in: *Forum*, 5(1950), p. 326

realistisch was en dat ook niet doorging.

■ De ontwerpen voor 'Mijlpaal 1950' en de wereldtentoonstelling zijn beide gebaseerd op duidelijke ideeën over de wisselwerking tussen het geëxposeerde en het publiek. In beide gevallen is erop gelet de looproute zo kort mogelijk te houden en de bezoeker niet van het ene naar het andere paviljoen te sturen maar afwisselend binnen- en buitenervaringen te bieden. De manier waarop de bezoeker van de expositie de gelegenheid werd geboden zich globaal te oriënteren geeft alle aanleiding weer te spreken van een scenario. En zo is er, afgezien van prozaïsche redenen om Bodons tentoonstellingswerk belangrijk te vinden – Bodon zelf heeft altijd gezegd dat hij er de opdracht voor de RAI aan te danken heeft – een belangrijk inhoudelijk motief.[48]

Dualisme

■ In het tentoonstellingswerk komt het duidelijkst tot uiting wat Bodon in alles wat hij gemaakt heeft nagestreefd heeft: het op een ongedwongen wijze sturen van de mens van de ene sensatie naar de andere, met het interieur – de feitelijke rechtvaardiging van het bouwen – in alle opzichten als eindbestemming. Dit interieur heeft Bodon in het algemeen altijd rust en eenvoud en een statige allure willen geven, conform wat hij steevast beschrijft wanneer hem naar zijn schoonheidsidealen wordt gevraagd: beelden van verstilling – een waterlandschap, een zeventiende-eeuws portret, het licht in de Suleiman Moskee in Istanbul.[49] Het is dus niet verwonderlijk dat een van zijn best geslaagde werken een museum is: de uitbreiding van het Museum Boymans-van Beuningen (1972).

■ In de confrontatie met het bestaande gebouw van Van der Steur (1935) ging een zichzelf opgelegde bescheidenheid gepaard aan het idee dat in dit geval de architectuur nergens de aandacht van de kunst mocht afleiden. 'Als ik helemaal mijn zin had kunnen doen en vrij was geweest, had ik een grote, kale loods neergezet. Een workshop waar de kunst niet plechtig hangt, maar waar ze geboren wordt', zei hij bij de opening.[50] Het resultaat was het meest geacheveerde gebouw dat hij ooit maakte, waarin de nobele proporties van vlakken en ruimten, de soberheid en de natuurlijke organisatie tesamen voor een sfeer zorgen die in zijn intensiteit en concentratie bijna Japans aandoet. Het leidt tot de conclusie dat in de persoon van Bodon het zoeken naar hoge maar onopvallende kwaliteit en een aristocratisch gevoel voor schoonheid elkaar vinden en zich uiten in een uiterst gecontroleerde emotie. En het is niet onaannemelijk dat het dualisme dat daarin besloten en aan Bodons hele oeuvre ten grondslag ligt te maken heeft met zijn Hongaarse achtergrond. Om te beginnen waren zijn ouders weliswaar beiden Hongaren maar zijn moeder was afkomstig uit een op Oostenrijk georiënteerd deel van het land en in Wenen opgevoed. De eerste zes jaar van zijn leven bracht Bodon ook in die stad door en sprak hij Duits.

■ Met zijn moeder had hij van jongs af aan een afstandelijke relatie, van zijn vader verwijderde hij zich tijdens zijn vorming als ontwerper. Bodons vader was een binnenhuisarchitect en meubelontwerper die aanvankelijk werkte in de trant van de Jugendstil en vooral door de Weense 'Secession' beïnvloed was. Hij vond dat zijn zoon het ambacht diende te leren en zorgde ervoor dat de jonge Bodon in de leer kon bij een meubelmaker en een stoffeerder, alvorens hij in 1924 na een vooropleiding tekenen naar de kunstnijverheidsschool ging. In diezelfde tijd kwamen er echter twee leermeesters in zijn leven die een veel grotere invloed op hem zouden hebben dan zijn vader. Dit waren Gy. Kaesz, de leider van de interieurafdeling en een begenadigd, breed (Westers) georiënteerd pedagoog, en A. Olcsvay, een dichter en journalist, die bij zijn vader in dienst was als tekenaar. De een sprak over kunst en de betekenis daarvan voor de samenleving, de ander had als krijgsgevangene in Rusland gezeten en nadien het Verre Oosten en de Verenigde Staten bezocht waardoor hij kon vertellen over wat er buiten het politiek en cultureel volledig geïsoleerde

48
Zie o.a. Yvonne Laudy, op cit., noot 7, en Tracy Metz, op cit., noot 23. In 1948 ontwierp Bodon in de RAI de enscenering (podium, tribune, aankleding) van de landdag van de Vrijzinnig Protestantse Radio Omroep, de V.P.R.O. (Nederlands Instituut voor Architectuur en Stedebouw, archief Bodon, map 61)

49
Zie o.a. Ben Kroon, op cit., noot 6

50
Jan Juffermans, 'Museum Boymans-Van Beuningen neemt nieuwe vleugel in gebruik', in: *Algemeen Dagblad*, 30 mei 1972

Hongarije gebeurde. Gezamenlijk droegen zij er toe bij dat Bodon kennismaakte met nieuwe denkwijzen en stromingen in de kunst en de architectuur en in politiek, cultureel en filosofisch opzicht breed geïnformeerd werd.[51]

■ Voorafgaand aan deze periode had hij als dertienjarige jongen al een bezoek van anderhalf jaar aan Nederland gebracht in het kader van een Rode Kruis-actie ten bate van kinderen uit gebieden die onder het geweld van de Eerste Wereldoorlog hadden geleden en er economisch slecht aan toe waren. Daar, in het humanistische milieu van zijn pleegouders in Voorburg, had Bodon een nieuwe wereld ontdekt (hij ontmoette er onder anderen Wils) en had hij ook geleerd zijn vaderland te relativeren. Dit zal er toe bijgedragen hebben dat hij geleidelijk een dubbelzinnige verhouding tot Hongarije kreeg. Bodon zegt niets te moeten hebben van het sentimentele, opvliegerige en nationalistische karakter van het Hongaarse temperament en verzette zich tijdens zijn studie tegen alle nationalistische gevoelens die al vroeg de tekenen van het fascisme vertoonden. Wat hij meegenomen heeft uit Hongarije is dan ook niet zozeer een door familietradities gevoede emotionele band alswel de door Kaesz en Olcsvay vormgegeven idee van een eigen beschaving. Een enkele keer heeft hij daar zelf aan gerefereerd, bijvoorbeeld in een verklaring van zijn voorliefde voor kleur in de architectuur: 'Dat heeft waarschijnlijk te maken met mijn achtergrond. In Hongarije – kijk maar naar de volkskunst – spelen kleuren een belangrijke rol. Dat zit misschien wel zo diep in mij, dat ik dat in mijn werk steeds heb verwerkt.'[52]

■ Heel direct blijkt Bodons dualisme waar hij zelf laat merken buitengewoon trots te zijn op het feit dat zijn werk diverse malen in Hongarije tentoongesteld is en dat het land waaruit hij weg moest om zich te kunnen bevrijden en ontplooien hem uiteindelijk weet te waarderen. Maar ook onderhuids zijn er talloze signalen. Hij is als mens een beetje verlegen, maar tegelijk maatschappelijk zeer betrokken en een warmbloedig levensgenieter die op feesten van 'de 8' de csárdás danste met fotografe Eva Besnyö[53]. Als architect heeft hij de hoogste eisen aan zichzelf gesteld maar tegelijk de betrekkelijkheid ingezien van zijn eigen prestaties. Ontwerpen heeft voor hem altijd bestaan uit het zoeken van de eenheid door middel van het analytisch uiteenleggen van wat in het programma van eisen gesteld wordt. Heel opvallend is dat hij daarbij nooit echte schetsen maakte, maar dat de slordige krabbels van zijn hand wel bijna altijd twee elementaire zaken tonen: de noordpijl, verwijzend naar de zoninval, en het uitzicht.

■ Daarom is de ontwerper van het immense RAI-complex misschien wel het best getekend in een van de kleinste ontwerpen die hij maakte. Bij de samenstelling van de zomertentoonstelling, die in 1940 in het Stedelijk Museum in Amsterdam had zullen plaats vinden maar niet doorging, konden de architecten die daartoe uitgenodigd waren een keuze doen uit verschillende opgaven en Bodon maakte – voor een plek, diep verborgen in het museum – een plan voor een weekendhuis midden in de imaginaire openheid van het Hollandse plassenlandschap. Dit kleine huisje, compact als een schip, met een vaste bank, kooien in plaats van bedden, een kombuis in plaats van een keuken, is één grote ode aan het licht. De wijkende wand en het lessenaarsdak lijken in combinatie met een grote glazen pui de ruimte te vangen maar direct weer terug te geven. Hoe belangrijk dit principe voor Bodon is blijkt uit het feit dat het nog diverse malen terug is gekomen in projecten, onder meer in het woonhuis in Lunteren en het ontwerp voor een aantal winkels voor Nieuwendam.

Een twintigste-eeuwse architect
■ Wanneer men het werk van Bodon ziet als een reeks uitkomsten van verschillende ontwikkelingsfasen, dan moet geconstateerd worden dat er tegelijk sprake is van een grote accolade. De boekhandel van Schröder en Dupont was een eerste uitkomst – van jeugd en scholing in Hongarije en de eerste verwerking van de Nieuwe Zakelijkheid. Zesenvijftig jaar later ontstond een gebouw van een vergelijkbare omvang,

51
László Juhász, op cit., noot 33, p. 8
52
Marjo van der Meulen, op cit., noot 5
53
Eva Besnyö over Bodon, in: *A. Bodon – een keuze uit mijn werk*, vouwblad Stedelijk Museum, Amsterdam 1986

restaurant 'Halvemaan', als uitkomst van een leven lang werken in de geest van het Nieuwe Bouwen. Opmerkelijk is de verwantschap tussen de boekhandel en het restaurant: in beide wordt de wens van de opdrachtgever om de afstand tussen de klant en het verkijgbare produkt weg te nemen dankbaar aangegrepen om een grote ruimtelijke openheid te creëren. Beide ademen de geest van *Vers une architecture*.

Zo is er naast het dualisme in velerlei vormen ook de continuïteit. Waar menig architect van zijn generatie na de oorlog terugkwam van de daarvoor zo scherp gestelde overtuigingen bleef Bodon volhouden: 'Ik zie geen andere weg dan die ik bewandel.'[54] De gedachte is gerechtvaardigd dat het werk van Bodon een perfecte verbeelding is van de twintigste-eeuwse Europese beschaving en Bodon zelf het toonbeeld van een twintigste-eeuwse architect.

■ In dat opzicht is er een uitspraak van Bodon die een bijzondere lading krijgt. Wat hij in Jaffé zo bewonderde was de manier waarop deze altijd '(...) het verband legde tussen de kunstenaar en de tijd waarin hij leefde (...).'[55] Het is alsof Bodon als architect dat verband zelf heeft gezocht door op alle vragen die typerend voor zijn tijd waren consequent de eigentijdse antwoorden te geven. Een echte vernieuwer is hij daarbij niet geweest, maar ook dat past volledig in het beeld. Bodon heeft zich van meet af aan uitermate verbonden gevoeld met het Nieuwe Bouwen en was gegrepen door de inhoud van het manifest van 'de 8' en de verklaring van La Sarraz. Een enkele maal liet hij zich verleiden tot het leveren van bijdragen aan studiegroepen die de uitgangspunten moesten verdiepen, maar het betrof dan altijd groepen met een heel specifieke, praktische opdracht (de voorbereiding van de tentoonstelling 'De functionele stad', 1935; een studie naar functionele buitenwanden, 1939; het ontwerp van het modeldorp Nagele, 1947-58). Waar anderen zich in het theoretisch strijdperk wierpen schoof Bodon achter de tekentafel: hij had zijn recept en kon aan het werk.

■ Veelbetekenend zijn de bronnen van Bodon. Le Corbusier is als een katalysator voortdurend op de achtergrond aanwezig geweest, maar, zo zegt hij, '(...) bij wie ik misschien het meeste aansluit en aan wie ik ook het meeste heb gehad, is Mies van der Rohe.'[56] Interessant is ook een tentoonstellingsgebouwtje voor een jaarbeurs in Budapest (1930), waaruit blijkt dat hij op dat moment op de hoogte was van het werk van Melnikov en de Russische constructivisten.[57] Binnen de Nederlandse context heeft Bodon aangehaakt bij de jonggestorven meesters Van der Vlugt en Duiker en kunnen profiteren van de samenwerking met de gelijkgestemde Salomonson. De invloed van jongere generaties, bijvoorbeeld van A. van Eyck die in 1947 in Bridgwater de verjongingskuur van de CIAM stimuleerde, is moeilijk te traceren, waarschijnlijk doordat de poëzie, die vanaf dat moment weer een kans kreeg, bij Bodon altijd aanwezig is geweest. De grote sleutelfiguur is zonder twijfel Merkelbach geweest. Merkelbach – de motor van 'de 8' die volgens de overlevering aanwezig was bij het weghalen van de schutting voor Schröder en Dupont en daarachter ogenblikkelijk een geestverwant herkende.

■ Terugkijkend op een lange carrière kent Bodon één gevoel van spijt: Merkelbach en Karsten hadden indertijd nooit uit elkaar mogen gaan. Het had moeten komen tot een bureau Merkelbach, Karsten, Bodon — tot een samenwerking tussen de bevlogen strateeg, de kunstenaar-architect en de praktische bouwer. Bij de opening van het GAK in 1960 zei hij: '(...) Merkelbach, Elling en ik leefden en werkten vanuit dezelfde architectonische gedachtenwereld.'[58] Merkelbach, die het GAK als een soort afscheid van de ontwerppraktijk zag, vatte die gedachtenwereld bij dezelfde gelegenheid samen in een drietal punten: '1. de architect heeft tot taak, met gebruikmaking van hedendaagse constructiemethoden en materialen, de passende vorm te geven aan het vervullen van het gestelde doel; 2. de architect moet in samenwerking met zijn constructeurs en andere adviseurs in het bouwwerk de synthese geven van het gehele complex van problemen, die de opgave stelt; 3. de architect streeft niet naar zelfverwerkelijking in die zin dat hij in het gebouw zijn architectuur demonstreert,

54
Marjo van der Meulen, op cit., noot 5

55
Uit een toespraak, die Bodon in 1984 bij het afscheid van Jaffé als hoogleraar aan de Universiteit van Amsterdam had zullen houden, als Jaffé niet kort daarvoor was overleden. Privé-archief Bodon

56
Edith Doove, Eliane Polack, op cit., noot 16, p. 8

57
de 8 en Opbouw 5(1934), p. 236-237

58
'De bouwmeesters van ons hoofdkantoor', in: *Open Kaart* 16 (speciaal openingsnummer van het personeelsblad van het GAK), 1 september 1960, p. 4.

59
B. Merkelbach, 'Gemeenschappelijk Administratie Kantoor te Amsterdam', in: *Bouwkundig Weekblad* 1960, p. 585-587

doch hij streeft naar het vervullen van de opdracht tegen de achtergrond van de plaats welke de opgave en het te stichten gebouw in het groter geheel van het hedendaagse leven inneemt.'[59] Bodon heeft altijd woord voor woord achter deze strenge woorden gestaan en ze met een glimlach in praktijk gebracht.

RAI Amstelhal in aanbouw

■ When Amsterdam Municipality held a competition in 1936 for the design of a new town hall the architects of the Modern Movement realized only too well that the constitution of the judges' panel was not in their favour. Most of them left it at that. Yet a 'Committee of Amsterdam Notables' whose identity has remained unknown to this day, did not accept the results as they stood and invited Le Corbusier to come and pass judgement.[1] He did more or less what was expected of him, rejecting the judges' verdict and choosing without hesitation the plan by M. Stam and W. van Tijen as the best. Le Corbusier was lenient in his appraisal of the plan by A. Bodon and W. la Croix and congratulated them in particular on the detail, which he found gorgeous ('ravissant'). It was one of the most important moments in Bodon's life.

■ The plan they had submitted was fairly ambivalent. The programme's division into three led them naturally to a building articulated in three volumes. What is strange, however, is the building's separation from the existing urban structure through its form and siting. The proposed traffic scheme – a road bisecting diagonally the existing square – looks forced and the building's tendency towards this new diagonal (something not understood even by Bodon's own colleagues in de 8 en Opbouw) forms an unnecessary denial of the urban context.[2] For this reason the plan cannot be described as entirely successful, but it does nothing to lessen its significance. It is a plan full of doubt and perhaps its motto, 'Kruispunt' ('crossroads'), has some bearing on the conflict in direction among modern architects at that time. At the same time Bodon's collaboration with his friend Willy la Croix – with whom Bodon had planned to go into partnership, had La Croix not been killed in the war – is an expression of hope and expectations for the future.[3] And finally it is a kind of gauge of the designer's powers against the work of Le Corbusier, whose influence is discernible in the arrangement of volumes and the way their accessibility extends the urban structure inwards. That there was a meeting, after the competition's conclusion, between Bodon and Le Corbusier – and one in which the latter referred to the quality of the detail, an element so important to Bodon – was a wonderful experience.

■ Half a century after the first town hall competition the same Bodon is a respectable and authoritative éminence grise with a large number of buildings to his name. His is a body of work widely appreciated for its utter simplicity, openness and objectivity, 'a disciplined functionalism... with great attention to the poetic aesthetics of modernism'.[4] At the same time it is the very clarity of his vocabulary that over the years has shown his work to be difficult to assess. Bodon has himself done much to promote this situation by insisting on a number of occasions that he is no theorist.[5] But this idea makes searching for an explanation to the enigma of this clarity an even greater challenge. It is the barrier of simplicity, one that needs to be demolished.

■ One point of reference is the time factor and this makes the Amsterdam town hall a good illustration, as it was to occupy him for many years to come. As a member of the planning authority Bodon was involved in the ultimate rejection of the winning plan by J.F. Berghoef and J.J.M. Vegter in the competition of 1936. In the second competition of 1967 he once again submitted a plan, and at the end of the seventies he was partly responsible for the controversial decision to realize W. Holzbauer and C. Dam's project for a combined Town Hall and Music Theatre. On each occasion he was brought face to face with his architectural origins – with the atmosphere of the thirties, with his own town hall design from those years and with Le Corbusier, for now it was he who played virtually the same role that the French master builder had been brought to the Netherlands to play. So everything Bodon has done reveals that many years have elapsed since a young Hungarian – a third-year student at the interior design department of the School of Arts and Crafts in Budapest – arrived in Voorburg in 1926 to spend six months' apprenticeship under the architect J. Wils.

■ Going to Wils was not dictated by professional motives, for Bodon knew little of his work at that time. He had, however, made his acquaintance at a much earlier occasion and had seen him once or twice since then. This must have made the cultural shock all the greater. While working with Wils, who at that time was working on the Olympia Stadium in Amsterdam, Bodon met not only his compatriot V. Huszár but also C. van Eesteren, the office chief, who had just arrived back from Paris where he had been working with Theo van Doesburg. Huszár and Van Eesteren, both directly involved with the De Stijl movement, were able to provide Bodon with first-hand information on the principles of modern architecture. Bodon was overwhelmed: 'Suddenly being confronted with Van Doesburg, Huszár, Mondrian and the others – it was like being born again';[6] 'it was as if I had discovered a new civilization'.[7]

■ So it was not surprising that on returning to Hungary to complete his studies the problems soon accumulated. Hungarian architecture and the course he was following there were rooted in Hungarian popular art and a Viennese Baroque-based architectural style – so-called Hungarian Baroque. Bodon, however, had seen the light; for him there was no turning back. He saw the correctness of his decision when shortly after he came across the German translation of Le Corbusier's Vers une architecture. Only one or two of his teachers and fellow students were receptive to such modern ideas and conflicts were the result, conflicts that reached such a peak that in 1927 – after making as part of his studies a design for a students' room – Bodon was given an ultimatum: adapt or leave. With the keen practical sense he has always shown Bodon chose a middle path. He finished his studies and then worked for various architects in Budapest (including on the Neo-Baroque Hungarian Pavilion by Györgyi Dénes for the Barcelona Exhibition of 1929). But there was no turning the tide, and in that same year, as soon as he could afford the journey to the Netherlands, he left his fatherland for good.

The Arbeiderspers

■ In The Hague Bodon was able to join J.W.E. Buijs and J.B. Lürsen just after they had completed the building for the cooperative society 'De Volharding' in that city, and were subsequently occupied with a design for the printing works and office of 'De Arbeiderspers' (The Workers' Press) in Amsterdam. Nor was he disappointed in his expectations in other respects either. When with Buijs – a confirmed socialist and a wayward and undogmatic modern architect – he saw for the first time a modern interior with white walls, smooth carpeting and steel furniture. And though he earned little he found himself, thanks to Buijs, in Hague society and in the artistic sphere in which at that time Vilmos Huszár played an important part. So for a few months Bodon, in his position as fledgling draughtsman, enjoyed life to the full. But as suddenly as he had arrived in the social circles of The Hague he was to leave them, for in 1930 Buijs invited Bodon, in view of his connections with the 'Nieuwe Zakelijkheid' or Dutch Functionalist movement, to take on leadership of the drawing-room in the building office of 'De Arbeiderspers' in Amsterdam. This was to change his life completely.

■ De Arbeiderspers had to be a building that was to reflect the aesthetics of the consistently exposed structure and installations.[8] Its construction was a complicated process and therefore a tremendous challenge. Bodon took the responsible task very seriously, and worked on it intensively for two years only to find himself with neither employment nor a social life. Following completion of De Arbeiderspers Buijs had nothing else to offer him, and the intensive work had left Bodon no time to build up a new circle of friends in Amsterdam. However, this situation soon changed. De Arbeiderspers had been furnished with steel furniture from the new firm of J. Ahrend & Son, partly at Bodon's intercession. This resulted in a short spate of service at Ahrend's, where he was to create a new line of furniture. And this appointment – highly unsatisfactory in itself as it turned out that Ahrend was not interested in Bodon's furniture designs after all – proved to be of seminal importance. Through Ahrend Bodon came into contact with the Amsterdam bookseller F.J. Dupont, who was looking for an architect to refurbish a canal house on Keizersgracht as a bookshop, preferably an architect sympathetic to the principles of the Nieuwe Bouwen (the Dutch Modern Movement).[9]

■ For 'Schröder and Dupont' Bodon created a single large space, whose flowing character recalled De Arbeiderspers (note the long lines of the balustrades) and the colours (wine-red, bright yellow and blue) De Stijl and Le Corbusier. And his name was made when his debut elicited negative reviews from the press. There was a tumult of protest demanding an explanation for this 'dreadful vandalism': 'We wish to know who is responsible for this indescribable violation of our old city'.[10] A large

1
Robert Mens, 'Documenten rondom Le Corbusier', in Jos Bosman et al (Ed.), Le Corbusier en Nederland, Utrecht 1985, 54

2
'Bij eenige plannen voor het nieuwe Amsterdamsche Raadhuis', in de 8 en Opbouw 11(1940), 63

3
Unless otherwise stated all information derives from conversations between the author and Bodon in the summer of 1989

4
Ruud Brouwers, 'Schraal verjaardagsgeschenk voor Bodon', in Archis 10-86, 2

group of progressive architects, including Duiker and Merkelbach, published a sharp rejoinder complaining of the 'total lack of understanding shown the international stream of modern architecture'.[11] With this Bodon had found his spiritual home: he became a member of the group of architects known as 'de 8'.

The Nieuwe Kunstschool
■ Recognition in circles of kindred spirits did not immediately result in new work. This is understandable in view of the economic crisis then making itself felt. Furthermore Bodon was put out of action for several months by a motoring accident in which he broke his leg. Once recovered, however, he was able to start work in 1934 with Merkelbach & Karsten, his prime concern being the construction of the A.V.R.O. broadcasting studios in Hilversum – the office's first major commission. As office manager he played a large part in the detailing and interior organization of the building, which was completed in 1936, and was collaborating architect on the extension (1940). This was another important moment, for it was in the contradiction between the two partners – Merkelbach who would not flinch to sacrifice beauty and clarity to satisfy the original premises of 'de 8' and Karsten a true 'artist-architect' – that the conflict about architectural form was encapsulated, a conflict that would reach its peak exactly midway between the two completion dates. And the remarkable combination of rationality and a freedom of form discernible in the broadcasting studios still bears witness to this difference.
■ Meanwhile, in 1933, P. Citroen had founded in Amsterdam the 'Nieuwe Kunstschool' (New School of Art), a small private school whose great example as regards form and content was the Bauhaus, shut down in that very year, and where Citroen had been working. This school would never attain official status in the Dutch educational system, though it would produce several major designers. The similarities with the Bauhaus lay in the left-wing mentality of both teachers and students, the great emphasis on developing the capacity for self-realization, the study of the twin concepts of culture-nature and technique-material and the multi-disciplinary nature of its training. The teachers, all of whom had a design practice, dictated the curriculum themselves. Thus the courses given by those previously connected with the Bauhaus like Citroen (drawing and painting) and H. Rose (advertisement design) began with a true 'Vorkurs', or preliminary course, whereas other teachers disregarded this aspect of Bauhaus doctrine. Bodon was in charge of the interior design department from the school's inception in 1933 until its unavoidable closure in 1943 and, following Citroen's departure to the Academy of the Arts in The Hague in 1953, became school secretary as well – a function in which he shared with Rose and others the final responsibility.
■ His own students were instructed in the study of materials and construction and in perspective drawing. They had to make designs for different types of cupboard, table and chair, as well as for an interior with appropriate furniture. They also had to design architectonic structures and take subsidiary courses on the history of art (with the art historian H.L.C. Jaffé), colour and typography. At the end of the course each student was given a commission to show his or her ability as a self-reliant designer. Bodon's principal interest in the school was the regular contact with artists it gave him; setting up an educational system he found interesting too. Being a teacher stimulated him to a much lesser degree and thus he always maintained a notable distance from the work of his students. He noted whether it was functionally and structurally sound but made no pronouncements on its aesthetic qualities.[12]

Discussion
■ In the same period during which he worked with Merkelbach and Karsten on the A.V.R.O. studios and devoted himself to teaching (just before and during the war) he produced besides the plan for Amsterdam town hall, several other competition projects that shed light on the discussion raging in the thirties among the champions of modern architecture and on Bodon's position on that issue. The design for an infant care advice centre (1935) gives in its overly functional approach a somewhat schematic impression. The plan for a school (1942), with a strikingly decorative roof with its butterfly-shaped cross section, seems

to be an exercise in lightness. Separating these two plans in time is a traffic office (1938) whose elegance derives from decorative elements. And it was around the significance of such decoration that the entire discussion between the members of two groups of architects, 'de 8' and 'Groep '32', was centred.
■ 'De 8', an association founded in 1927 by six architects among whom Groenewegen, Karsten and Merkelbach and in later years the point of convergence of Duiker (1928), Van Eesteren (1929) and Stam (1934), set forth its points of departure in a manifesto published in the magazine i10.[13] It stated in a fairly provocative tone among other things the following: 'It is quite possible to build beautifully, but for the time being it is better to build something ugly and functional, than to erect facade architecture to front inferior floor plans(....)"De 8" wants no luxury architecture welling from the formal voluptuousness of talented individuals (....)"De 8" is non-aesthetic(....)"De 8" is non-romantic.' It was the springboard to a straight-from-the-shoulder campaign to create a new society based on advanced technological possibilities – a campaign spurred on by architectural arguments, but which through Stam, J.B. van Loghem and others acquired a political dimension. It stressed the ideals of Modern Architecture as formulated in 1928 at La Sarraz by the Congrès Internationaux d'Architecture Moderne (CIAM): to pursue with the aid of new materials like glass and concrete an open style of building, which by rationalizing working methods must be brought within the reach of the greatest possible number of people.
■ Four years after the founding of 'de 8' there arose from within the ranks of the 'Architectura et Amicitia' association a group of young architects led by A. Staal and A. Boeken with the intention of arousing this association from its torpid state. In 1932 they became 'Groep '32' (Group '32), which also stressed the ideals of the Nieuwe Bouwen but at the same time accused 'de 8' of a too analytical approach and set out to concentrate fully on shaping a new culture. The affinity between the two groups, however, was strong enough to lead in 1934 to a fusion – for extremely opportunist reasons in the case of 'de 8'. The following year the CIAM exhibition 'The Functional City' was due to be held in the Stedelijk Museum in Amsterdam. It was to be prepared by the Dutch wing of CIAM and Merkelbach and his colleagues needed assistance.[14] So it is not surprising that there was no true amalgamation, and the years that followed were full of conflicts, contradictions and misunderstandings, all related to the question of the extent to which design should be an autonomous component of the process of creating architecture. After the flamboyant remodelling of the 'De Tiel' insurance office in Utrecht by S. van Ravesteyn (1936) had already caused feelings to run high, the break between the hard core of 'de 8' and Group '32 came in 1938. The immediate cause was the monumental-symmetrical competition design for Huizen town hall by Staal and S. van Woerden which had just been made public. Van Eesteren, Stam and the others accused its designers of disregarding in society 'all injustices and disproportions, to flourish – or to escape – in outward appearances'.[15] Seven members of 'de 8' resigned and the role of design in architecture was, for the time being, shelved as a subject of discussion.
■ Bodon's discovery of the Nieuwe Zakelijkheid at the end of the twenties was a revelation that he would still express with amazement and joy years later. For him it was 'a complete life's philosophy, an entirely new world. Before then buildings consisted of walls in which windows were cut – and then there was this new architecture, that opened everything up.'[16] When he was invited by Merkelbach to join 'de 8', and at the same time by Boeken for Group '32, he unhesitatingly chose 'de 8'. He was never that actively involved in discussions, had friends in both groups and is living proof that the situation was never as well-defined as some historians would have us believe. La Croix accepted, for example, that their joint design for Amsterdam town hall was a step towards a freer treatment of form, but a year later was one of those who signed the article denouncing this trend. Bodon himself, as co-designer of the A.V.R.O. studio extension – parts of which according to Stam exhibited to an extreme degree the wish 'to beguile'[17] – was responsible for a more decorative formal vocabulary. He has said, in retrospect, that he never really understood what had possessed Van Ravesteyn in his later work, but his design for the traffic office reveals that he himself was not

5
See for example Marjo van der Meulen, 'Architect Bodon: "Ik zie geen andere weg dan die ik bewandel"', in Het Parool, 12 September 1986
6
Ben Kroon (Ed.), '"Ik kan het niet meer bijbenen"' – pronouncements by Bodon in the series 'Wat heet mooi?', in De Tijd, 15 February 1985, 48-49
7
Yvonne Laudy, '"Ik heb een paar dingen gemaakt waar ik trots op ben" – laatbloeier architect Alexander Bodon volgende week tachtig jaar', in De Telegraaf, 30 August 1986
8
Chris Rehorst, Jan Buijs – architect van De Volharding, The Hague 1983, 71-83
9
J.G. Wattjes, 'Een moderne boekwinkel – arch. A. Bodon', in Het Bouwbedrijf 9(1932)6, 207
10
H. Polak, 'Kroniek' in Het Volk, 28 May 1932. Quoted in Pascalle Quaedvlieg, Alexander Bodon – van Schröder en Dupont tot de RAI, an unpublished doctoral thesis prompted by the categorizing of the Bodon archive in the Dutch Architectural Institute, Utrecht 1983
11
'Winkelpand aan de Keizersgracht en Henri Polak's kroniek', in Het Volk, 2 June 1932; see Quaedvlieg, op. cit., note 10, 27
12
See Quaedvlieg, op. cit., note 10, 17-19
13
See i10, 1927, 126
14
Ben Rebel, Het Nieuwe Bouwen, Assen 1983, 123
15
'Aan de vergadering' (from 16 November 1938), item in the possession of the Boeken family; see Ben Rebel, op. cit., note 14, 161
16
Edith Doove, Eliane Polack, 'Van Hongaarse kunstnijverheid tot Nederlandse architectuur – een interview met Alexander Bodon' in Decorum 5(1987)5, 5-9
17
M. Stam, 'De radio-studio als architectonische opgave', in de 8 en Opbouw 11(1940), 176

insensitive to such things – note the curves in the awning, the upper edge of the windows and such details as the door-handles.

■ In the case of the traffic office, the situation verged on the comical. Bodon, who had never won anything before then, could still see the funny side of it years later: 'When I added a dash of baroque to that design they awarded me first prize.'[18] And the judges' verdict is most certainly a cause for mirth. It is negative in the extreme and picks holes in everything: 'The manner of approaching the building by car is technically incorrect(....) The stair from the waiting room before the landing with adjoining porch is too cramped and inadequate on busy days. The balcony in front of it is difficult to reach. The shape of the bicycle shed is impractical. The outside stairs are too steep.' But there is one positive point that made up for all this: 'This building has character.'[19] What prompted what Bodon himself describes as the only deviation from the straight line of his work is not clear. Possibly the design is a legpull, a playful protest against the despotism of the hard core of 'de 8'. But it is quite possible too that Bodon succumbed temporarily to the generally prevailing cultural pessimism which, influenced by the rising threat of war, tempered any enthusiasm to strike off in new directions.[20]

Housing

■ During the war Bodon, who had adopted Dutch nationality in 1939, originally had his work at the Nieuwe Kunstschool and was later involved with plans for the reconstruction of Rotterdam. He did not interfere with the Doorn architectural courses, which attempted to effect a reconciliation between the supporters of the Nieuwe Bouwen and the apostles of the conservative Delft School. Directly after the war Bodon was able to set up his own office and thus began in many respects a new phase in his life and work. His first commission, from the director of the Amsterdam weekly De Groene Amsterdammer, was to design a Monument on the Dam (1945) – for which Bodon made a vain attempt to stage the required drama in a restrained manner. Much to his satisfaction it was not realized. He had other opportunities, however, for at the beginning of the period of reconstruction there were commissions for housing, a field in which Bodon was credited with a certain authority. During the war he had been an active member of the Amsterdam branch of the study group on 'architectural care of postwar housing'. Moreover his entry to the competition for cheap workers' dwellings was still fresh in people's minds.[21]

■ Held in 1933 by Amsterdam Municipality, this competition's aim was to gain insight into the possibilities of erecting housing estates of high-quality yet affordable workers' dwellings. That a competition like this had been held was seen by 'de 8' and 'Opbouw' as support by the authorities for the Nieuwe Bouwen; the two associations had made proposals to improve social housing as far back as 1932 in a joint report entitled De organische woonwijk in open bebouwing (The Organic Housing Estate in Open Planning). And the ideas it contained regarding openness, light, air and hygiene, the separation of urban functions and conversely the integration of schools, community centres and green facilities in the living environment could now be systematically applied in the competition. The theme of this competition, therefore, became the subject of extensive discussion within 'de 8' and 'Opbouw', before their members separated off into small units to elaborate on the plans proposed.

■ Though the results ostensibly had no further success (not one of the ninety-two entries presented an entirely feasible solution, while Van Loghem in the magazine de 8 en Opbouw could discern few innovative ideas[22]) the problems were at least well-defined and four intriguing plans emerged. One was the work of Bodon, Groenewegen, Karsten and Merkelbach. Their project is a genuine example of open row housing. Long north-south orientated blocks of four storeys of housing above a basement comprise dwellings with like conditions: access from 'living streets' closed to through traffic, living rooms on the west side, bedrooms on the east. On the street from which the estate is reached are old age dwellings facing south, and opposite them shops facing north. The philosophy expressed by the plan focuses entirely on what CIAM – at the Brussels congress of 1930 on rational building methods – had resolved to achieve, namely to find a balance between economic, social and psychological requirements. For Bodon and his three colleagues this was best achieved by organizing the basic conveniences into an objective, functional floor plan. Thus the kitchen is situated between the living room and 'living street' to enable parents to keep an eye on children playing either inside or outside; while the living room and bedroom placed end-to-end are separated only by a removable glass screen so that during the day the two could form a well-lit apartment.

■ It was not all plain sailing after the war either. Many of Bodon's sketches and designs never left the office – partly because of the postwar economic limitations. He built with L.P.H. Waterman a small housing estate in Amsterdam (Fizeaubuurt, 1948) and was set to work by the Dutch Architects' Association on the reconstruction of Zeeuws-Vlaanderen in the southwest, where collaborating with a local architect he built housing in Breskens (1950). Both the built works and the plans that remained unrealised (such as 'family houses' for the Nieuwendam and Watergraafsmeer districts of Amsterdam, both made in 1949) were in terms of content still a far cry from the ideals of before the war, mainly because once issues such as orientation of the housing blocks and the ground plans had been decided, all that was left to the architect was to supply the cladding. In only one housing plan – gallery flats in Amsterdam-Slotermeer (1958), built within the framework of Van Eesteren's General Expansion Plan of 1935 – did Bodon achieve spatially and organizationally the quality he has always had in mind. But however satisfied Bodon was with the final result he had already had enough of housing with its extremely tight budgets.

■ Years later he could still become angry about this: 'In the Dutch architecture of today', he said in an interview in 1986, 'the thing you notice most is the housing. Here poverty is the key word – it's horrifying, everything looks so poky...the forms they choose today are out of date.'[23] What has always upset him most is that modern housing makes almost no use of today's technological achievements. 'Every house looks like it has been built traditionally. Cars, aeroplanes and suchlike keep getting better and more beautiful, while housing has stagnated. There's no development there at all.'[24] This frustration is understandable if we realize that Bodon has been interested in technique since childhood, and has always followed with particular interest the advances in aeroplane construction and space travel. This explains why Le Corbusier's Vers une architecture, in which ideas from architecture and shipbuilding overlap, could make such an impression on him. It formed the basis from which there grew a tremendous love for technical detail, an element that should be natural and visible without imposing itself on the design. 'I use the technique at my disposal and this is expressed in the design.' Every constructional element must be so applied 'that it fits logically into a building, or that the building fits logically around it.'[25] This statement – inseparably bound up with the Nieuwe Zakelijkheid – could have been made by him at the beginning of the thirties, but since then social circumstances had changed and the means of putting ideas into practice had increased prodigiously. Because the gradual rise in prosperity was beginning to bring him other work and he was by now involved with the plans for the RAI, Bodon – with yet another housing project budget reduced to next to nothing – could permit himself at the beginning of the sixties to refuse all further commissions in this sector.

RAI

■ The RAI International Exhibition and Congress Centre (RAI was originally the acronym for 'Cycle and Automobile Industry') was until 1958 an autonomous organization. In 1922 it had had an exhibition building built in Amsterdam on the outskirts of the nineteenth century town. And in 1950 when looking for a new location for a larger building it once again turned to the city limits and found a place in the vicinity of approach roads from every direction and the long-prepared groundstrip for the future railway line encircling Amsterdam. So as to make a responsible choice of architect the RAI approached the Dutch Architects' Association who produced three candidates, A. Boeken, J.W.H.C. Pot and Bodon. It was Bodon who received the commission. Thus began a long period which produced a succession of designs for the exhibition complex, all arrived at in consultation with the client. This was virtually a question of trial and error, for at the beginning of the process in 1951 there was as yet no official programme of requirements.

■ The first design, proposing two large and three smaller halls totalling

18
Marjo ven der Meulen, op. cit., note 5
19
'Architectura et Amicitia', 'ontwerpstudie no. 10 – Rapport van de Commissie van Beoordeling', in Bouwkundig Weekblad Architectura 1938, 69
20
Suggestions by Hein Salomonson in a conversation with the author, Amsterdam, 25 October 1989
21
F. Ottenhof, Goedkope arbeiderswoningen, reprint, Amsterdam 1981
22
J.B. van Loghem, 'De Amsterdamsche prijsvraag voor goedkope woningen', in de 8 en Opbouw 6(1935), 284-286
23
Tracy Metz, '"Ik droomde van rode, blauwe en gele vlakken" – gesprek met architect A. Bodon', in NRC Handelsblad, 5 September 1986
24
Tracy Metz, op. cit., note 23
25
Edith Doove, Eliane Polack, op. cit., note 16, 8-9

30,000 m², was too large and too expensive. In the second (1952) the surface area was almost halved, the third (1955) added a congress centre and a basement car park. Developments then stagnated for a time, as the years 1956-57 ushered in a government retrenchment and building came to a halt. When the prospects improved the issue was tackled with renewed vigour. Because it was clear that the RAI could not finance the project alone it entered into an agreement with Amsterdam Municipality. The latter's involvement also meant that Ben Merkelbach, since 1956 Amsterdam City Architect, could be added to the building team. It was then the RAI's turn to suggest that Merkelbach and Bodon's way of thinking was 'so far removed from their own that they could not manage without an interpreter who could translate their ideas and wishes.'[26] This interpreter was the architect R. Fledderus, who as a member of the RAI building committee made a vital contribution on at least one occasion.

■ In all the proposals made until then the building had faced the old town, and Van Eesteren, at that time head of Amsterdam Town Development, was particularly keen on having the complex rotated 180 degrees, partly because of matters relating to traffic circulation. It was Fledderus who suggested that the building should be rotated not 180 but 90 degrees and given a forecourt on the Europa Boulevard. Bodon approved of the idea but would agree to it only on being allowed to make an entirely new plan. And only during work on this, the definitive plan (as things turned out – and without the congress centre and underground car park) did the spectacular conception of the hall take shape: a vast neutral space, spanned by parabolic arches on concrete piers connected underground by tension rods.

■ In 1958 came the permission to build and three years later the finished building could be given a festive opening – an event of enormous impact, with newspapers devoting entire special supplements to articles in its praise. Nor did the RAI stop there. 1963 saw a minor addition to the exhibition surface area and eighteen months later came the Congress Centre. In 1969 the Amstelhal was completed, followed in 1982 by the complex of three large halls to the south of the existing section, whose significance was neatly described by the architectural critic I. Salomons: 'In the present state of architectural affairs the RAI is an event of great import (...) It still seems possible for a modern building to give shape to urban spaces and colour the townscape in a characteristically new manner. Against the confusion surrounding the question of what direction architecture should take, this large yet self-effacing building – a building that neither means nor suggests anything other than itself and the place it occupies in terms of space and light – provides a direction in which the architecture of the years to come can evolve naturally.'[27]

■ Striking, too, is the general feeling of satisfaction that hallmarked the thirty-year-long process of planning and building. Bodon himself said of the RAI: 'I feel I have shown that functional architecture can be attractive, open, warm and congenial.'[28] The illustrious critic J.J. Vriend thought he could still detect a touch of indecision here and there in the first phase, but since the Congress Centre any doubts he may have had were dispelled.[29] And there was criticism, from Vriend's colleague A. Buffinga, who wrote of halls and galleries 'spread carelessly across a shapeless site' and a complex of a 'mushiness (!) of which its designer Bodon should be thoroughly ashamed.'[30] But Buffinga was alone in this opinion. After the final extension various prizes were awarded to both client and architect, and from all the praise heard on these occasions it transpired that Bodon had emerged an architect who functioned well in the building team, who could handle problems both organizational and technical and had managed to earn the trust of his fellow workers, partly through his skill in assigning duties. All these attributes have probably contributed much to the fact that from the beginning of the fifties Bodon was the recipient of a string of exceptional commissions.

Exceptional commissions
■ This series got off to a start that was anything but lucky. The construction of a factory for the Van Melle biscuit and toffee manufacturers in Rotterdam (1950) – designed together with the architect with whom he had built housing in Breskens and who had family ties with Van Melle – was frustration from beginning to end. The project has a clear-cut design.

Production takes place in a large archetypal factory hall (a concrete frame with sawtooth roof) with offices tucked into a boxlike volume at one of its ends. It was the cladding, however, of this more representative part of the complex with which Bodon was forced into a few too many compromises, evidenced by the ornamental concrete of the window openings. More frustrating – if this were possible – was the history of a project for the head office of the Van Leer packaging concern (1950). A limited competition judged by the Amsterdam Planning Authority chaired by Merkelbach was won by Bodon, yet he saw neither hide nor hair of the commission. After that, however, things took a turn for the better.

■ In 1953 A.J. van der Steur had died. He was an outstanding architect, closer to the traditionalist Delft School than to the Nieuwe Bouwen, who was not averse to classicist elements. Between 1928 and 1932, while writing for the Bouwkundig Weekblad, he took a critical and polemical stance towards anything that appeared modernistic (it was he who introduced into the Netherlands the term 'Neue Sachlichkeit' in 1929).[31] He had sat on the panel judging the competition for cheap workers' housing. Shortly before his death Van der Steur had expressed the wish that Bodon should take over his personal commissions at his office. And following negotiations made easier by the fact that Bodon had received the commission for the RAI (the office could make good use of the assignment, Bodon its assistance), he joined the office, which first operated under the name of Van Bruggen, Drexhage, Sterkenberg and Bodon, later achieving fame as Drexhage, Sterkenberg, Bodon and Venstra (DSBV).

■ In the years that followed there came the Lumière Film Theatre in Rotterdam (with A. Krijgsman, 1955) while Bodon was project architect for the 'industrial insurance administration office' (GAK) designed by Merkelbach and Elling (1960) – with its twelve-storey-high glazed facades a proud beacon in Amsterdam's New West. His first full-scale work in his new position was an insurance office building (for Eerste Nederlandsche Verzekering-Maatschappij) on Rotterdam's Coolsingel boulevard in 1960 – a commission still directly derived from Van der Steur. At the latter's death, work on a head office designed by Bodon in The Hague for the same client was in full swing. Elegantly set in an expansive peripheral area of The Hague this stately building earned Bodon and his wife Titia the first prize in an interior design competition. He completed work on it in 1956 and the commission for the Rotterdam branch followed naturally in its wake. This was to become a building exhibiting all the hallmarks as much of the era in which it was built as of the architect himself. On the ground floor are such outgoing functions as shops and a café-restaurant, while the upper storeys contain office premises for hire – both were sorely needed in Rotterdam towards the end of the fifties. The fact that its length of more than one hundred metres completed the east elevation of the Coolsingel must have played some role during its design too.

■ Bodon's translation of the requirements into architectural terms gave the building its strongly Corbusian flavour. This uncompromisingly modern building, in brazen contrast to the Neo-Renaissance style of the Town Hall (H. Evers, 1920), seems despite its robustness to hover owing to the contraction of its two lowest levels (it could have been supported by pilotis). Above these rises a well-defined urban elevation while the uppermost office floors step back, and could be interpreted as a roof structure. The resulting archetypal tripartition is a means much favoured by Bodon, extending from the Van Leer office to the most recent RAI extensions. He once said in connection with his Amsterdam-Slotermeer housing: 'There is nothing particularly striking about the plan. But I do like the clear-cut articulation of the facades: basement, middle section, the end uppermost. It was the latter element that gave me most concern; box-shaped structures without a definite end always seem unsatisfactory.'[32]

Spatial continuity
■ Whereas close inspection of the work of the fifties and sixties reveals the large part played there by the organization of the buildings' appearance, a second theme looms up behind the first of at least equal importance. The trail begins with several villas Bodon designed, including Villa Royer in Hilversum (1953). This is a bungalow whose organization centres around access to it by way of long lines, flat surfaces and right angles. Inside, the space seems separated almost casually from the

26
T. van der Meer, Chairman of the Board of RAI-Gebouw bv, in his address at the presentation of the Dutch Architects' Association's 'kubus' award, Amsterdam, 18 October 1984
27
Izak Salomons, De frisse nieuwe hallen van de RAI, in Forum 27(1982)4, 5
28
Yvonne Laudy, op. cit., note 7
29
J.J. Vriend, 'Er kunnen meer congressen worden gehouden (in Amsterdam)', in De Groene Amsterdammer, 23 January 1965
30
A. Buffinga, 'Gaat Haagse congresgebouw het winnen van het Amsterdamse?', in Haagsche Courant, 13 February 1965
31
Ben Rebel, op. cit., note 14, 283-284, 356
32
Lecture by Bodon, Architecture Department of Delft Technical University (8 November 1983), Academy of Architecture, Amsterdam (16 February 1984)

immense outdoor area, for once in the heart of the house a large glazed partition gives the visitor the sense of almost being back outside; the interior as a whole strengthens this feeling of spatial continuity. Long sight lines intersect the house and cupboard units do not reach the ceiling so that the latter flows from one room to the next. This handling of space points to a particular fascination of Bodon's, namely the imperceptible manipulation of the inside-outside relationship. He seems to have a gift for screening off interior space without isolating it from the unlimited space beyond. Almost all his buildings bear witness at certain crucial points to the dialogue between physical protection from outside and daylight penetration. It is visible in the Schröder and Dupont bookshop, and an essential element in his villas and also in the RAI complex.

■ The first phase of the RAI project is often eulogized for the modesty with which the vast space is presented. This derives entirely from the large amount of light penetrating the head elevations in particular. At first sight the Congress Centre gives a comparatively introverted impression as the steel posts of the glazing and the vertical fins of the sunbreaks seem to constitute a single system. This image confirms to those outside that there is shelter within, yet once inside the visitor is suddenly confronted with a tremendous openness deriving from the broad stairs, roomy voids and the view out. From outside, the three halls of the most recent extension seem to cling almost desperately to the space within, an effect produced by the cornerlike projections in the largest roof. Once within, however, the roofs appear to hover freely.

■ Another category of buildings comprises those with an open ground floor. In the Apollo Hotel in Amsterdam (1962, assisted by J.H. Ploeger) the guests are received in an open lounge, while the water on the other side of the building is already visible on entering. In the AKZO office in Arnhem, too, the visitor is long inside the building before this is visually confirmed. This is achieved in both buildings by a hall from one facade to the other glazed from floor to ceiling. In the best examples the siting of the building or complex and the access to it are so attuned that the transition from outside to inside seem as if programmed in a scenario. This can be seen in the Training Centre at Hoogovens steelworks in IJmuiden (1966) where the pedestrian route to the entrance along a blankwalled section of the building leads to a hall thrown open breadthwise. It is even more strikingly visible in De Leperkoen House (Lunteren, 1948) where the front door is discovered only after a walk through the woods of exorbitant length were it not so idyllic and had it not first followed the introverted head elevation of the house.

■ At those times when Bodon's work invites comparison with Le Corbusier in its spatial organization, other names are liable to crop up too. In his tendency to put visually into perspective such aspects as physical shelter Bodon shows his affinity with Mies van der Rohe. The positioning of his buildings and their reception of visitors in a hall usually of limited dimensions behind which, however, is a space that invariably opens up, widens or gains height, looks towards Aalto and the usual Finnish habit of considering the access to a building as a sort of lock gate between inside and outside. Offering the most thorough example in this respect is the Estel office in Nijmegen (1976). Through its stepped construction it becomes fused with the hill on which it stands. By allowing a view though the entire building of the lowerlying polder landscape, the low hall seems smaller than it is in reality, but ultimately transpires to occupy with all its extensions almost half the entire ground floor. Thus treating the interior as an inseparable component of the total space is one of the quintessential principles of Bodon's work; and the more interesting it is to acknowledge that Bodon's accomplishments in this field are a reflection of his entire career.

Furniture and interiors

■ A chair from 1926, made when he was working for Wils, is with its produced wooden members whose terminal edges have their own colour, a caricature of De Stijl. But a buffet for Van Eesteren (1932) and a stackable chair for the A.V.R.O. studio (1938) are unembellished pieces of furniture that reveal the true Functionalist. The design for an interior for a friend in Hungary, made in the days when he worked for Buijs (1929), was justifiably described by L. Juhász (who realized it) in his monograph on Bodon as 'a three-dimensional Mondrian'.[33] But during a large number

of postwar conversions Bodon evolved a style that was less spectacular and in its reticence attesting primarily to a great sense of refinement. It was first given shape in the refurbishment in the Hirsch building of a café-restaurant as a large sales area (1948, with Hein Salomonson) and subsequently in the information office of 'De Nederlanden van 1845' (1952, with Titia Bodon) and a booking office for KLM (1962, with Salomonson), all three in Amsterdam. In a glowing account of the Hirsch refurbishment Boeken acknowledged that the quality of the interior was achieved 'by demolishing much and giving what remained the correct form, surface and colour with the addition of only those elements that identify the space as a shop.'[34] Boeken had indeed hit the nail on the head: Bodon could achieve the best results when he had the room to meet the requirements with the minimum of steps. This is best expressed in the exhibition designs, which from 1937 to the beginning of the fifties formed a substantial part of his work and for that reason alone occupy an important position in Bodon's oeuvre.

■ His concern with exhibition design was originally a question of necessity. During the Depression many architects (including, besides Bodon, La Croix, Groenewegen, Limperg and Rietveld) were forced for financial reasons to accept all the commissions that came their way, and these included designing display stands at fairs for trade and industry. An important source of inspiration was the Industrial Fair in Utrecht, which after the First World War had become a centre of trade and industry of international standing. And a seminal year was 1941, when all importing to the Netherlands had been stopped by the German occupation and spring and autumn fairs had to show that production at home could meet all needs.

■ Many commissions found their way to teachers and students of the Nieuwe Kunstschool and on such an occasion Bodon designed with Rose the collective display stand for seven food and grocery companies, together calling themselves 'manufacturers and importers of consumer goods'. Their aim was to draw attention as much to the individual concerns as to the group as a whole. Thus Bodon and Rose designed a large airy stand, under whose extended, lowered ceiling (a symbol of unity) the products were displayed on seven tables, all made of the same material but varying in form. It was a strikingly spirited and daring display stand that elicited a great many reactions. In de 8 en Opbouw Merkelbach praised its simplicity and in particular the fact that the products themselves had become its decoration. He called the stand 'an oasis' in the Industrial Fair.[35] One of the seven firms, however, was so dissatisfied with the way its wares were being displayed that after the Fair has been opened it dismantled its corner of the stand and rebuilt it to its own satisfaction. Six months later Bodon gave further confirmation of his qualities with three display stands at the autumn fair, of which his design for W.S. van Schuppen's wool factory – an unpretentious interior with sober furniture by Gispen and enlivened only by the colourful product itself – drew particular attention.[36] This stand is a perfect example of Bodon's intentions as regards exhibition design, namely to bring everything to do with architecture, technique and advertising together in a rational arrangement offering the maximum degree of propaganda value.

■ Of quite another character were the exhibitions which shortly before the war and during its first years showed in a lightly pedagogic manner the potential of the modern interior. In 1938, following a conversion by Rietveld, the furniture shop Metz & Co. opened in Amsterdam a display room with the exhibition 'Modern Furniture'. Among the designers taking part – mainly members of 'de 8' – were Rietveld, Salomonson, Stam and Bodon. All were invited to design examples of functional, affordable furniture and Bodon combined his – simple, light pieces such as a writing desk, a seat, a sewing table and a roller-front cabinet – in a 'girl's study-cum-sitting room', set up in the summerhouse at Metz & Co.'s. It was a charming room, typical of that year, the year of the rupture between 'de 8' and Group '32 – this was to colour everything said and written about the exhibition. In his opening speech Van Ravesteyn described a piece of furniture (probably in order to provoke) as an 'objet d'art'.[37] Van Tijen called Bodon's room 'an airy and pleasant affair', but reproached the designer for taking too lightly an aspect like usefulness.[38] Bodon himself was later to say: 'In this design I allowed

33
László Juhász, *Alexander Bodon*, Budapest 1977, 9
34
A. Boeken, 'Enkele aantekeningen bij de verbouwing van Hirsch & Cie te Amsterdam', in *Forum* 3(1948), 339
35
B. Merkelbach, 'F.I.V.A. stand'. in *de 8 en Opbouw* 12(1941), 51
36
See H.L.C. Jaffé, 'Najaarsbeurs Utrecht 1941', in *de 8 en Opbouw* 12(1941), 145-156
37
'Rede uitgesproken door ir. S. van Ravesteyn bij de opening van de meubeltentoonstelling van de firma Metz & Co. te Amsterdam', in *de 8 en Opbouw* 9(1938), 21
38
W. van Tijen, 'Beschouwing over de tentoonstelling bij Metz & Co.', *de 8 en Opbouw* 9(1938), 30

myself to succumb to a dash of romanticism. It is not a design I particularly wish to see again.'[39]

■ Two years later Metz organized a similar exhibition but this time Bodon did not take part. This allowed him to write a review in which he described the modern piece of furniture as a functional and unpretentious object, which should be correct in its proportions, tasteful in its colouring and resourceful in its construction.[40] These criteria were implemented that same year in the preparations for a large educational exhibition that should have taken place in the summer of 1940 in the Stedelijk Museum in Amsterdam. The initiative for setting up this exhibition came from Amsterdam Municipal Council and among the driving forces were Van Eesteren and W.J.H.B. Sandberg, the then curator of the Stedelijk Museum. The aim of the exhibition was to arouse wide interest in the interior as a major artistic product. To this end the entire first floor of the museum was to be furnished with examples of contemporary interiors designed by representatives of Modern Architecture in the Netherlands.[41]

■ To the disappointment of all, the exhibition could not be held during the first year of the war and when it did take place a year later the conception was quite different, partly on the instigation of Bodon. He had already written in connection with the original idea that it was desirable to consider portraying, besides progressive interiors, 'the changing attitude to life that has led to the new types of dwelling and interior'.[42] And that, in 1941, was what happened. In the summer of that year the Stedelijk Museum held an exhibition entitled 'In Holland staat een huis' with as its theme 'the interior from 1800 to the present'. In it three stylistic periods were distinguished, each of which was represented by three rooms: a living room, a bedroom and a room where some element representative of the period in question could be illustrated. Bodon was responsible for the present-day department. His living room was a combined dining and sitting room containing not traditional decorative furniture but lightweight movable items: a rectangular table with four chairs, a sideboard, a cane settee, simple armchairs and a low table. The bedroom was a sublime illustration of the convictions underlying the Nieuwe Bouwen. 'In this bedroom from our own time a wholly new, fresh atmosphere has been created by the deliberate contact between interior and the open air. Light and air stream in, adding freshness and vivacious colour to the room and its sparing, simple furniture. Hygiene and clarity are indeed the special characteristics of this airy room(...)The large photographs (of water and clouds, MK) placed against the wall of the spacious terrace illustrate the urge of modern man to indulge in outdoor sports and other open-air activities.'[43]

■ The third room was that of an art collector in the year 1940. He was allocated an attic in which to house his collection in a system of sliding racks. Based on the assumption that a person can only concentrate on one picture at a time it was only possible to slide out a single painting at any one time. Of the three interiors this one illustrated best what Bodon had in mind. While all three were well-lit and in each architecture and interior were fused into a whole assisted by furniture by Metz and Gispen (whose designers included Rietveld, Stam and Aalto), it was the art collector's room which illustrated almost to perfection the 'machine à habiter' of Le Corbusier. Reactions were mixed. Newspaper reports took a negative view. 'Even the most incorrigible modernist must surely have his doubts on seeing a "table" like the one shown here (in the art collector's room, MK), consisting as it does of a heavy frosted glass slab supported by two legs about thirty centimetres high, both consisting of three bricks cemented together.'[44] In his own circle Bodon received praise from all sides. Ida Falkenberg-Liefrinck paid tribute to the 'pure, clear space' and Hein Salomonson spoke of a 'stimulating model for a worthy style of living.'[45] There was approval from unexpected quarters too. A reporter for the popular magazine *Wereldkroniek* was pleasantly surprised by the modern interiors looking at which brought him to the idea that man 'is becoming more attached to the essential in life...and less to the representative through outward appearance.'[46] This reaction must have given Bodon particular satisfaction.

■ For several years after the war Bodon remained involved in exhibition design. The Dutch textile world commissioned him to design display stands at trade fairs at home and abroad. On two occasions (in 1949 and

1953) he worked with Salomonson on the Dutch contribution to the 'Salon des Artistes Décorateurs' in the Grand Palais in Paris. And also with Salomonson he drew up a plan for the 'Mijlpaal 1950' exhibition in the Netherlands which, had he completed it, would have given a picture of what had been achieved during the first five years of the postwar reconstruction.[47] Its design, though nothing sensational, was a clarifying look back to an earlier situation. In 1935 the daily newspaper *De Groene Amsterdammer,* inspired by the World's Fair in Brussels, had come up with the idea of organizing a similar exposition in Amsterdam in 1940. Its theme would be 'communication and traffic' and for its design the organizers contacted 'de 8', who provided a working group consisting of Groenewegen, S. Van Woerden and Bodon. This trio produced a very ambitious plan, which Bodon later admitted was less than realistic, nor was it implemented.

■ What the design for Mijlpaal 1950 and the World's Fair have in common is that both are based on a clear idea of the interaction between exhibits and public. In both cases the circulation route was deliberately kept as short as possible and the public, rather than being sent from one pavilion to the next, could alternate between indoor and outdoor activities. The way the exhibition affords the visitor a broad overview from which to procede, inevitably brings to mind, for the second time, the word 'scenario'. And thus, leaving aside more down-to-earth reasons for considering Bodon's design of importance – Bodon himself has always maintained that he received the RAI commission because of it – it has great intrinsic value too.[48]

Dualism

■ The exhibition work expresses most clearly what Bodon has been striving for in everything he has done, namely to gently guide the user from one sensation to the next, with the interior – the element that justifies building – as the destination in every sense. In general, Bodon has tried to lend this interior a permanent peace and simplicity and a stately air, in accordance with what he invariably describes when asked for his ideal of beauty: images of tranquility – a Dutch landscape dominated by water, a seventeenth century portrait, the light in the Suleiman Mosque in Istanbul.[61] It is no wonder, then, that one of his most successful works is a museum: the extensions to the Boymans-van Beuningen Museum (1972).

■ Its relation to the existing building by Van der Steur (1935) combines a self-effacement with the idea that in this case the architecture should never divert attention from the art works. 'If I had been given a completely free rein I would have erected a large, unadorned shed, a workshop where, rather than hanging there solemnly, the paintings would become born,' he said during the opening ceremony.[50] The result was his most accomplished building, whose noble proportions of plane and space, restraint and natural organization together create an atmosphere of an almost Japanese intensity and concentration. It leads us to conclude that in the person of Bodon the search for a high yet unobtrusive quality and an aristocratic sense of beauty are united, and find expression in an emotion that is totally controlled. And it is not implausible that the dualism contained there and at the roots of Bodon's entire body of works can be traced back to his youth in Hungary. To begin with, his mother, though Hungarian like his father, came from an Austrian-influenced part of the country and was brought up in Vienna. Bodon spent the first six years of his life in that city and spoke German.

■ His relationship with his mother had been a distant one from very early on. His estrangement from his father grew with his evolution as a designer. Bodon's father was a designer of interiors and furniture who worked along the lines of the Jugendstil and was influenced particularly by the Vienna Secession. He felt that his son should learn the trade and saw to it that the young Bodon became apprenticed first to a cabinet-maker and then to an upholsterer before proceeding in 1924, after a preparatory course in drawing, to the School of Arts and Crafts. At that time, however, two further teachers entered his life who would exercise a far greater influence on him than his father. These were G. Kaesz, head of the interior design department, a man with a wide knowledge of the Western World and an inspired teacher; and A. Olcsvay, a poet and journalist who worked for his father as a draughtsman. One would talk

39
Interview dated 6 May 1983, in Quaedvlieg, op. cit., note 10, 40

40
A. Bodon, 'Meubeltentoonstelling bij Metz & Co.', in *de 8 en Opbouw* 11(1940), 217-223

41
'In Holland staat een huis', in *de 8 en Opbouw* 12(1941), 15-44

42
Letter from Bodon to Sandberg, dated 23 January 1940, Stedelijk Museum Archive, quoted in Quaedvlieg, op. cit., note 10. 42

43
In Holland staat een huis, catalogue of Stedelijk Museum, Amsterdam 1941, 58

44
Nederlandsch Dagblad, 23 July 1941, quoted in Quaedvlieg, op. cit., note 10, 48

45
Ida Falkenberg-Liefrinck, 'Tentoonstelling "In Holland staat een huis" ', Hein Salomonson, 'Wij en het verleden', in *de 8 en Opbouw* 12(1941), 109 and 113

46
A. Glavimans, 'Een huis in het Holland van heden', in *Wereldkroniek,* 23 August 1941, 6

47
Explanatory notes by Bodon and Salomonson included in B. Hendriks, 'Torens van babel – Nederland tentoonstellingsland?' in *Forum* 5(1950), 326

48
See Yvonne Laudy, op. cit., note 7 and Tracy Metz op. cit., note 23. In 1948 Bodon designed in the RAI the staging (stage, public area, décor) for the convention held by the V.P.R.O. broadcasting corporation (Netherlands Institute of Architecture and Planning, Bodon Archive, folder 61)

49
See Ben Kroon, op. cit., note 6

50
Jan Juffermans, 'Museum Boymans-van Beuningen neemt nieuwe vleugel in gebruik', in *Algemeen Dagblad,* 30 May 1972

of art and its significance for society, the other had been a prisoner of war in Russia and had later visited the Far East and America, and could give accounts of what was going on outside a Hungary that politically and culturally was completely isolated. Together they were instrumental in introducing Bodon to new approaches and tendencies in architecture, art, music and literature and helped to keep him well-informed politically, culturally and philosophically.[51]

■ Before that, at the age of thirteen, he had spent a year and a half in the Netherlands as part of the Red Cross campaign in aid of children from regions that had suffered during the First World War and were in an economically critical state. There in the humanistic environment of his foster parents in Voorburg a new world opened up for Bodon. He made the acquaintance of Wils among others and learned to put his fatherland in perspective, which must have contributed to the ambivalent attitude he gradually acquired towards Hungary. Bodon admits to owing nothing to the sentimental, fiery nationalistic traits of the Hungarian temperament and even at the time of his studies opposed all nationalistic feelings, which showed at an early stage all the signs of Fascism. Consequently it was not so much an emotional bond nurtured by family traditions that he had brought with him from Hungary as the idea presented by Kaesz and Olcsvay of a national culture. He has referred to this himself on odd occasions, as when declaring his preference for colour in architecture: 'That must have something to do with my background. In Hungary colour plays an important role – look at its popular art. It is perhaps so deeply ingrained in me that it keeps coming out in my work.'[52]

■ Bodon's dualism is immediately apparent when he makes it clear how extremely proud he is of the fact that his work has been exhibited in Hungary on several occasions, and that the country he was forced to leave to gain freedom and develop his capacities, has finally learnt to appreciate him. But there are countless other, deeper manifestations. As a person he is a trifle shy, yet very socially involved and a warm-blooded bon vivant who at informal gatherings of 'de 8' danced the csárdás with the photographer Eva Besnyö.[53] As an architect he set himself the highest standards yet acknowledges the relativeness of his own achievements. To him designing has always meant the quest for unity through an analytical unfolding of the demands in the brief. Most remarkable is that he has never made genuine sketches; the untidy scrawlings he did make almost always show two basic conditions to the design: the arrow pointing north – referring to the sunlight factor – and the surrounding view.

■ Perhaps the designer of the immense RAI complex is shown in the best light in one of the smallest designs he ever made. When putting together the summer exhibition that was to have been held in 1940 in the Stedelijk Museum in Amsterdam but was postponed, the invited architects could choose one of several tasks. For a space hidden in the heart of the museum Bodon designed a weekend house deep in an imaginary expanse of Dutch lakeland. This tiny house, as compact as a ship – with a built-in seat, and bunks and a galley instead of beds and a kitchen – is an epic ode to light. The out-of-true wall and lean-to roof seem in conjunction with the large glazed facade to catch the surrounding space only to return it immediately. And how important this principle is for Bodon is evidenced by its reappearance in a number of projects, including the house in Lunteren and the design for shops in Nieuwendam.

A twentieth century architect

■ If we consider Bodon's work as a list of end products of various phases of development, then we should also see this list as firmly bracketed together. The Schröder and Dupont bookshop was the first end product – of youth and training in Hungary and initial assimilation of the Nieuwe Zakelijkheid. Fifty-six years later brought a building of a comparable size, the Halvemaan restaurant, the end product of a lifetime's work in the spirit of Modern Architecture. The affinity between the two buildings is striking: both seize on the client's wish to eradicate the distance between the customer and the product to create a tremendous openness; both breathe the air of *Vers une architecture*. So besides all forms of dualism there is an ever-present continuity. Where many architects of Bodon's generation turned away after the war from their once

so strong convictions, Bodon kept going: 'I see no other path that the one I'm taking.'[54] The idea that Bodon's work is a perfect illustration of twentieth century European culture and Bodon himself a perfect example of a twentieth century architect is an entirely justifiable one.

■ There is a statement Bodon once made that in this light becomes highly charged. What he admired so much in Jaffé was the way in which he always 'related the artist to the era in which he lived.'[55] It is as if Bodon the architect sought that relationship himself by consistently providing each issue characteristic of his time with an equally contemporary solution. In this, however, he has never been a true innovator, but this too is completely in keeping with his image. From the beginning Bodon has felt the strongest of bonds with Modern Architecture and was deeply affected by the manifesto of 'de 8' and the La Sarraz declaration. On the odd occasion he could be induced to make contributions to study groups addressed to broadening points of departure, but generally these were groups with a specific practical assignment (preparing the exhibition 'The Functional City', 1935; investigating functional exterior walls, 1939; designing the model village of Nagele, 1947-58). While others hurled themselves into the theoretical fray Bodon settled himself behind the drawing board: he had his formula and could set to work.

■ Of great significance are Bodon's sources. Le Corbusier has always been there in the background, like a catalyst, but, says Bodon, the person 'I perhaps agree with the most and from whom I have benefitted the most, is Mies van der Rohe.'[56] Interesting too is a small exhibition building for a industrial fair in Budapest (1930), from which it seems that he was familiar in those days with the work of Melnikov and the Russian Constructivists.[57] Within the Dutch context Bodon felt an affinity with Van der Vlugt and Duiker, two masters who died young, and could profit from his collaboration with the like-minded Salomonson. The influence of younger generations – for instance Aldo Van Eyck who in 1947 at Bridgwater encouraged a rejuvenating cure for CIAM – is difficult to gauge, probably because poetry, once again in the picture from that moment, was always there for Bodon. The major figure, undoubtedly, has been Merkelbach – Merkelbach, the driving force behind 'de 8' who according to tradition was there when the Schröder and Dupont bookshop was unveiled and immediately recognized a kindred spirit. Looking back over a long career Bodon has but one twinge of regret; Merkelbach and Karsten should never have parted company when they did. It should have ended up as the firm of Merkelbach, Karsten and Bodon – the inspired strategist, the architect-artist and the practical builder. At the opening of the GAK office in 1960 Bodon said: 'Merkelbach, Elling and I lived and worked proceeding from the same architectural world of thought.'[58] And Merkelbach, who saw the GAK building as a kind of farewell to the design practice, summarized that world of thought on the same occasion in three points: '1. The architect's task is to give appropriate shape, using modern methods of construction and materials, to the achievement of the appointed goal. 2. The architect must provide, in collaboration with his structural engineers and other professional advisers, a synthesis of the entire complex of problems posed by the task. 3. The architect does not strive after self-realization in the sense of demonstrating his architecture in the building, but rather strives to fulfil the assignment against the background of the place occupied by the task and the projected building in the greater whole of contemporary life.'[59] Bodon has always heartily endorsed these severe words, and put them into practice with a smile.

Translation from the Dutch
John Kirkpatrick

51
László Juhász, op. cit., note 33, 8
52
Marjo van der Meulen, op. cit., note 5
53
Eva Besnyö on Bodon, in *A. Bodon – een keuze uit mijn werk* (folder), Stedelijk Museum, Amsterdam 1986
54
Marjo van der Meulen, op. cit., note 5
55
From a speech that Bodon was to have given in 1984 at the farewell ceremony for Jaffé as professor at the University of Amsterdam, had Jaffé not died shortly before. Bodon's private archive
56
Edith Doove, Eliane Polack, op. cit., note 16, 8
57
de 8 en Opbouw 5(1934), 236-237
58
Editors, 'De bouwmeesters van ons hoofdkantoor', in *Open Kaart* 16 (special debut issue of the GAK staff magazine), 1 September 1960, 4
59
B. Merkelbach, 'Gemeenschappelijk Administratie Kantoor te Amsterdam', in *Bouwkundig Weekblad* 1960, 585-587

Projecten

Boekhandel Schröder en Dupont ¹⁹³²

■ Het pand Keizersgracht 516 was oorspronkelijk een doorsnee grachtenhuis met een hoge stoep en een beletage, maar deze laatste werd bij een verbouwing in het begin van deze eeuw gedeeltelijk weggebroken om aan de voorkant een hoge winkelruimte te krijgen. In deze ruimte wilde boekhandelaar F.J. Dupont een winkel waarin zijn klanten zelf hun weg moesten kunnen vinden (dit was nieuw in die tijd). Om die reden legde Bodon in zijn ontwerp het accent op het perfectioneren van de ontsluiting van het boekenbestand via trappen en galerijen. De boekhandelaar kreeg een receptie op de beletage achter in de winkel, vanwaar hij een ruimte overzag die in alle opzichten toonde waar de Nieuwe Zakelijkheid voor stond.

■ De noodzaak al het licht dat het smalle front binnen liet te benutten was aanleiding om dunne staalconstructies en stalen meubelen toe te passen. Van die meubelen waren de boekenstellingen en bureaus afkomstig van Ahrend & Zn en de losse meubelen van Gispen. Het ruimtelijk evenwicht werd in hoge mate bepaald door de boekenlift, het enige verticale element in het interieur en zo het contrapunt van de galerijen. In de overwegend grijze winkel (de stalen kasten waren bespoten met aluminiumverf, het linoleum was muisgrijs) waren spaarzaam gele en blauwe kleuraccenten aangebracht. Voor het overige had de ruimte de kleur van de boekomslagen. De gevel vestigde de aandacht op zich door de dunne stijlen en de duidelijke belettering. Het grote glasoppervlak maakte dat de winkel als het ware één grote etalage was. In de jaren zeventig is de ruimte overgenomen door een kunsthandelaar, die de kleuren en de pui heeft veranderd.

Keizersgracht 516, Amsterdam

Opdrachtgever
Dhr. F.J. Dupont

Begane grond en verdieping
1 Portiek
2 Etalage
3 Toegang bovenwoning
4 Winkel
5 Boekenlift
6 Kantoor
7 Galerij

0   5 m

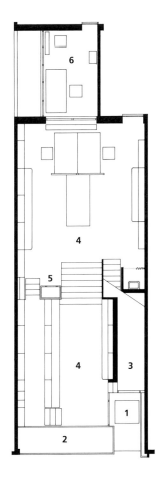

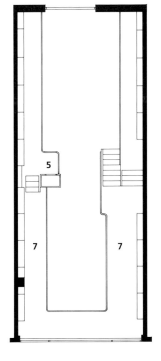

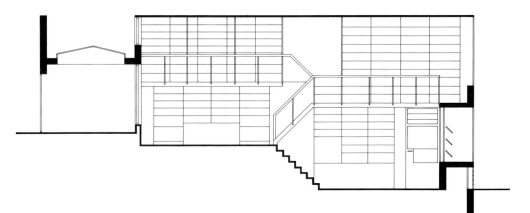

Doorsnede

Ontwerpen

■ De jaren rond 1940 werden in Nederland gekenmerkt door het bijna geheel ontbreken van opdrachten, terwijl tegelijkertijd een levendige discussie over de betekenis van de vorm de gemoederen onder de moderne architecten beheerste.

■ Het ontwerp voor een Verkeersbureau (prijsvraag van het Genootschap Architectura et Amicitia, 1938) maakte Bodon in het jaar van de breuk tussen de kern van 'de 8' en leden van de 'Groep '32'. Het moet in de eerste plaats gezien worden als een vingeroefening, maar draagt de sporen van de tweestrijd binnen de moderne beweging. Het programma beschrijft een ontmoetingsplaats voor kleinschalig verkeer en vervoer: er is een bushalte, een fietsenstalling en een aanlegsteiger voor boten. Daartussen is plaats voor kantoren met loketten en een wachtruimte. Het ontwerp, waarmee Bodon de eerste prijs won, is het enige van zijn hand waarin symmetrie een duidelijke rol speelt en waarin de aandacht voor het decoratieve aspect een zekere twijfel doet vermoeden.

■ In het houten Weekend-huis, ontworpen voor de Zomertentoonstelling die in 1940 in het Stedelijk Museum in Amsterdam had moeten plaats vinden, is die twijfel overwonnen. Tot in de kleinste details staat alles, zonder opsmuk, in dienst van een efficiënt gebruik van de beschikbare ruimte.

■ Het plan voor een school voor voorbereidend lager onderwijs (een studieprijsvraag van Cobouw, 1942) is bijna een lofzang op Duiker. Onder een licht betonnen dak op ranke kolommen liggen drie leslokalen op de zon. Zij vormen het hoofdbestanddeel van een subtiel georganiseerde school. De entree ligt centraal in het gebouw, het sanitair centraal ten opzichte van de drie leslokalen. De leerkrachten zijn ondergebracht in een volume dat iets verwijderd is van de leslokalen zodat zij zich in de pauzes uit de directe onderwijssfeer kunnen terugtrekken. Tegelijk maakt de verzelfstandiging van dit deel van het gebouw op een niet-autoritaire manier duidelijk waar het gezag zetelt.

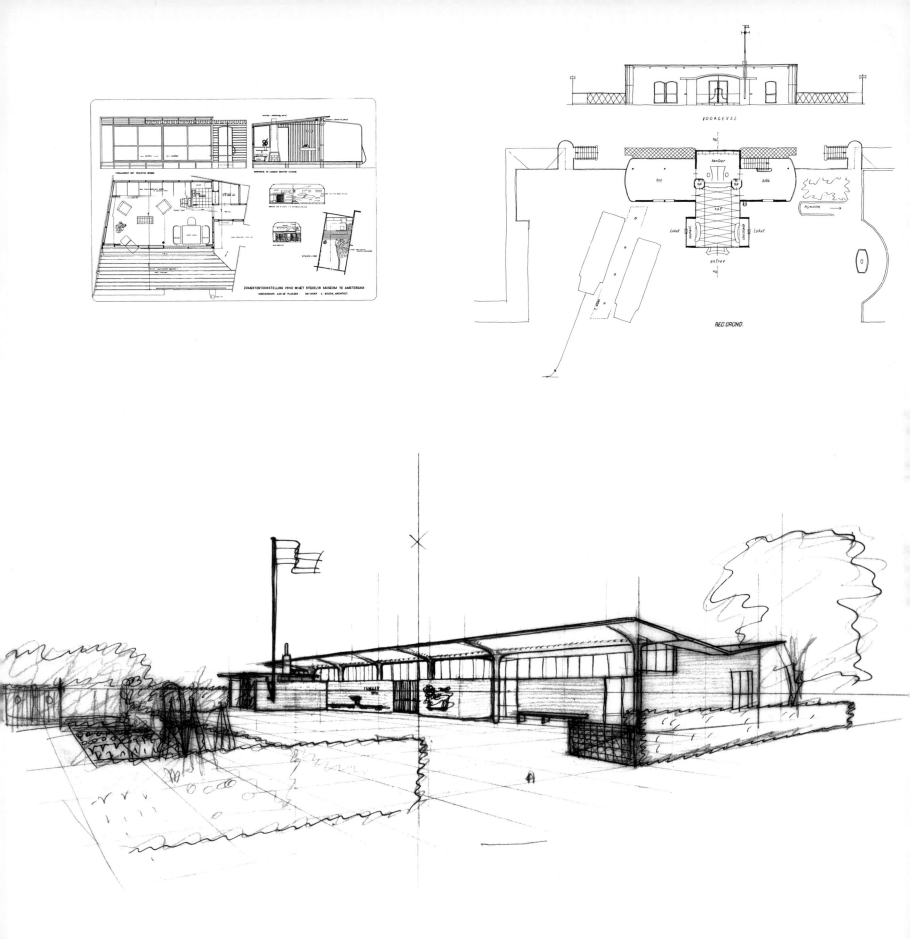

Salon des Artistes Décorateurs ¹⁹⁴⁹

■ De Nederlandse bijdrage aan de Salon (de eerste internationale manifestatie op dit gebied na de oorlog) kwam tot stand in samenspraak met W.J.H.B. Sandberg en W.H. Gispen, beiden lid van de Raad voor de Kunst. Uitgangspunt was dat het Franse interieur op het gebied van luxe en overdaad niet te overtreffen zou zijn en dat dit dus ook niet geprobeerd moest worden. Besloten werd om bij de inrichting een keuze te doen uit zo eenvoudig mogelijke interieurs en meubelen. Omdat er nauwelijks geld was werd een beroep gedaan op verscheidene Nederlandse fabrieken, firma's en instellingen om expositiemateriaal in bruikleen af te staan. Zo leverde de Stichting 'Goed Wonen' een modern vormgegeven woonkamer, Bruynzeel een keuken en Metz een studeerkamer, ingericht met meubelen van diverse ontwerpers en aangekleed met kunstwerken uit het Stedelijk Museum in Amsterdam. Om toch te laten zien dat ook Nederlanders in staat zijn, waar nodig, een zeker comfort te creëren werd een proefmodel van een luxe hut uit een oceaanstomer van de Holland Amerika Lijn naar Parijs gebracht. De verschillende interieurs werden ontsloten via een plein met een aantal podia waarop uitingen van Nederlandse meubelkunst en industrie getoond werden.

Grand Palais, Parijs
Opdrachtgever
Ministerie van Onderwijs, Kunsten en Wetenschappen
Ontwerp in samenwerking met
H. Salomonson

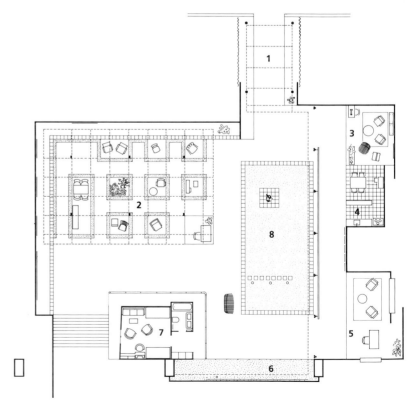

Plattegrond
1 Ingang
2 Podia met meubelen
3 Woonkamer
4 Keuken
5 Crèchevertrek
6 Wandschildering Dick Elffers
7 Cabine Holland Amerika Lijn
8 Grasvlakte met sculptuur

Informatiekantoor van 'De Nederlanden van 1845' 1950-1952

■ Het informatiekantoor van 'De Nederlanden van 1845' moest gevestigd worden in een tamelijk onaanzienlijke ruimte op een plek die bruist van het stedelijk leven, een ruimte in het gebouw dat H.P. Berlage in 1895 voor de verzekeringsmaatschappij bouwde op de hoek van het Muntplein en het Rokin. Het ontwerp is van een geraffineerde eenvoud. Bodon heeft de omstandigheid dat er geen ruimte was om een royale entree te maken aanvaard en het ingangsgebied vormgegeven als een nauwe sluis tussen buiten en binnen. Direct erachter verwijdt de ruimte zich doordat de meubels zich richten naar de verdraaide Rokingevel. Er is gewerkt met minimale middelen: het wijzigen van de puien werd voor een deel bereikt door bestaand materiaal te herschikken en voor het overige werd goedkoop materiaal gekozen, onder andere om des te opvallender te kunnen uitpakken met teakhouten deurgrepen en een mahonie trapleuning. De stoel is gemaakt naar een ontwerp van Titia Bodon.

Muntplein, Amsterdam
Opdrachtgever
'De Nederlanden van 1845'
Ontwerp in samenwerking met
Titia Bodon

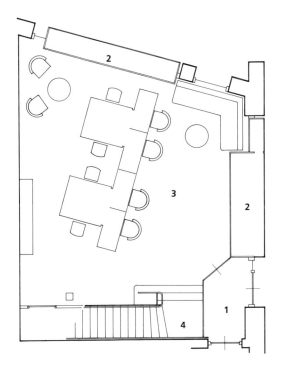

Plattegrond
1 Tochtportaal
2 Etalage
3 Informatiekantoor
4 Trap naar kantoren

0   1 m

Woonhuis 'De Leperkoen' 1948

■ De villa 'De Leperkoen' is gebouwd voor een gezin met drie kinderen en een inwonende oudere dame. Het beschikbare terrein, gelegen aan de rand van een dennenbos, ligt goed op de zon en loopt flauw af naar het oosten waardoor het uitzicht in die richting het mooist is. Uit alles blijkt dat Bodon zich heeft ingespannen deze situatie uit te buiten. Het hoofdvolume van het huis is geknikt waardoor in beide woonkamers van het uitzicht genoten kan worden. Daarachter ligt een opmerkelijke entree. De hal – samen met keuken, berging en cv een lage voorbouw vormend – heeft de functie van een royale trait-d'union tussen de buitenruimte, de keuken en het hart van het huis: de centraal gelegen eetkamer. En deze is op zijn beurt, doordat het terras iets naar binnen is gehaald, de rechtstreekse verbinding tussen voor – en achterkant van het huis. Het resultaat is een ogenschijnlijk heel eenvoudige maar in feite uiterst complexe ruimte, waarin op ieder moment van de dag het daglicht benut wordt – licht dat in al zijn nuanceringen het huis open en intiem tegelijk maakt. Het is goed te begrijpen waarom dit huis – opgetrokken in grijsrode baksteen, met houten kozijnen en rubberoid op het dak – zestien jaar na Schröder en Dupont het tweede project was waar Bodon zich helemaal in herkende.

Vijfsprongweg 21, Lunteren
Opdrachtgever
Dhr. en mevr. A. Schröder

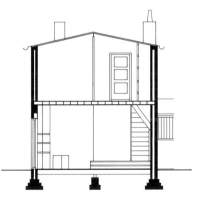

Doorsnede

Begane grond
1 Hal
2 Keuken
3 Bijkeuken
4 Toilet
5 Keldertrap
6 Trap naar verdieping
7 Eetkamer
8 Woonkamer
9 Terras
10 Tweede woonkamer
11 Slaapkamer

0   5 m

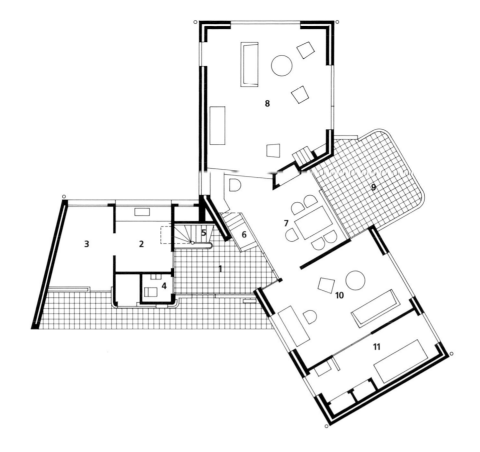

Verdieping
1 Overloop
2 Ouderslaapkamer
3 Badkamer
4 Kinderslaapkamer
5 Balkon

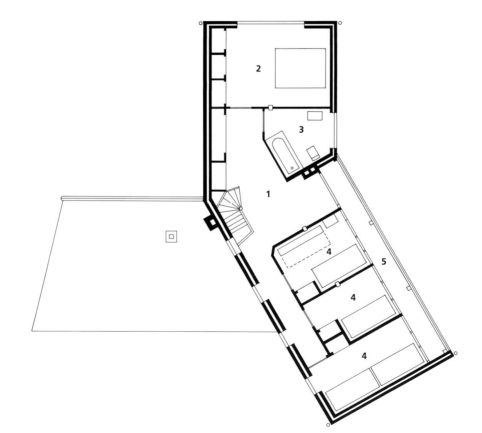

Woonhuis Pais 1953

■ De opdracht betrof het maken van een ontwerp voor een huis met een gelijkvloers woonoppervlak, te bouwen op een terrein aan het Zuider Amstelkanaal, nabij de Minervalaan in Amsterdam. De probleemloze situatie (voorkant op het noorden, tuin op de zon) bood Bodon de mogelijkheid een klassiek horizontaal volume te schetsen – een prototype van een moderne stadsvilla. De hoofdvertrekken van de woning bevinden zich op de begane grond, die in een aantal afdelingen is opgedeeld. De woonkamer, van voor naar achter lopend en via een grote glazen pui georiënteerd op het zuiden, vormt een geheel met de eetkamer. Gescheiden hiervan zijn de slaap-afdeling en een blok met utilitaire functies (keuken, bijkeuken, dienstingang en garage). De dakopbouw bevat de kamers voor het personeel, de berging en een naai-kamer. Het grote dakterras is zowel van binnenuit als vanuit de tuin te bereiken.

■ Bij de presentatie van het ontwerp in december 1953 schreef een zeer tevreden Bodon aan zijn op dat moment in de Verenigde Staten verblijvende cliënt: 'Het is een uitgesproken stadshuis geworden (...). De strakke vorm zal het mijns inziens zeer goed doen in de omgeving en door een goede materiaalkeuze en afwerking zal het huis een rijk genuanceerd uiterlijk kunnen krijgen.' Het antwoord was vriendelijk maar gedecideerd: 'Het ziet er heel aardig uit maar niet helemaal zoals we het gedacht hebben. Doet u voorlopig geen verdere moeite.' Het huis werd nooit gebouwd.

Niet uitgevoerd

Opdrachtgever

Dhr. en mevr. R. Pais

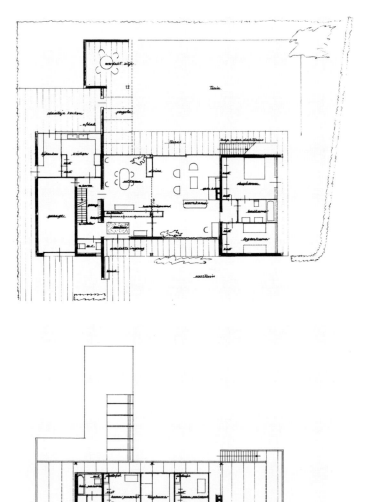

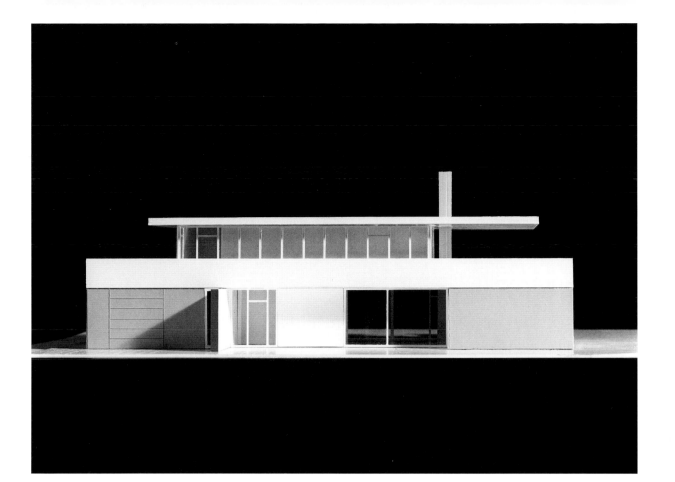

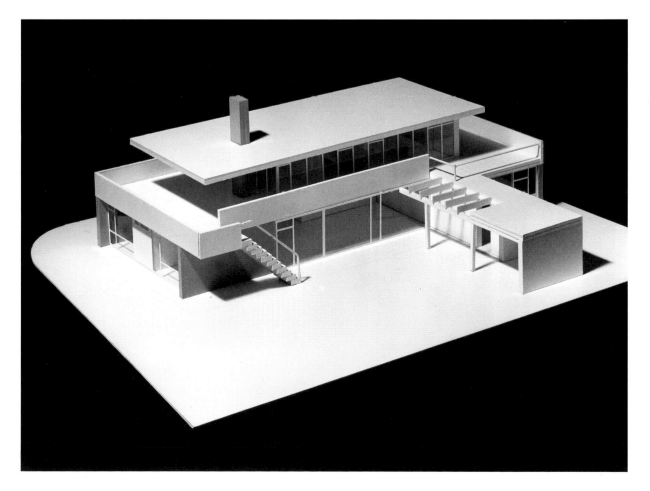

Woonhuis en artsenpraktijk Van Meurs 1958

■ Bij het ontwerpen van het huis in Beverwijk stonden twee problemen centraal. Ten eerste is het terrein weliswaar ideaal – met de straatzijde op het noorden – georiënteerd, maar het stuk grond versmalt naar achteren sterk. Ten tweede moest het huis zich èn als woonhuis èn als artsenpraktijk presenteren. Bodon heeft deze problemen in één gebaar opgelost door het huis dicht tegen de straat te leggen en een gelaagdheid in beeld en ontsluiting te brengen. Naar de straat is de praktijk open, het huis gesloten, naar de tuin (ontworpen door de tuinarchitecte M. Ruys) is het andersom. De entreehal is een neutrale ruimte vanwaaruit de praktijk direct en het huis via een tweede voordeur kan worden betreden. Het huis is eenvoudig van opzet, met houten kozijnen en puien, en een enkele stalen kolom waar openheid gewenst was. Net als in het woonhuis 'De Leperkoen' (dat overigens een veel luchtiger karakter heeft) vormen in het woongedeelte hal en eetkamer het punt waar hoofdvolume en uitbouw in elkaar grijpen. Hier is te ervaren wat typerend is voor veel van Bodons ontwerpen: een open eindbestemming (in dit geval de woonkamer aan de tuin) is alleen bereikbaar via een gesloten schil.

Prins Bernhardlaan 4, Beverwijk
Opdrachtgever
Dhr. en mevr. T. van Meurs

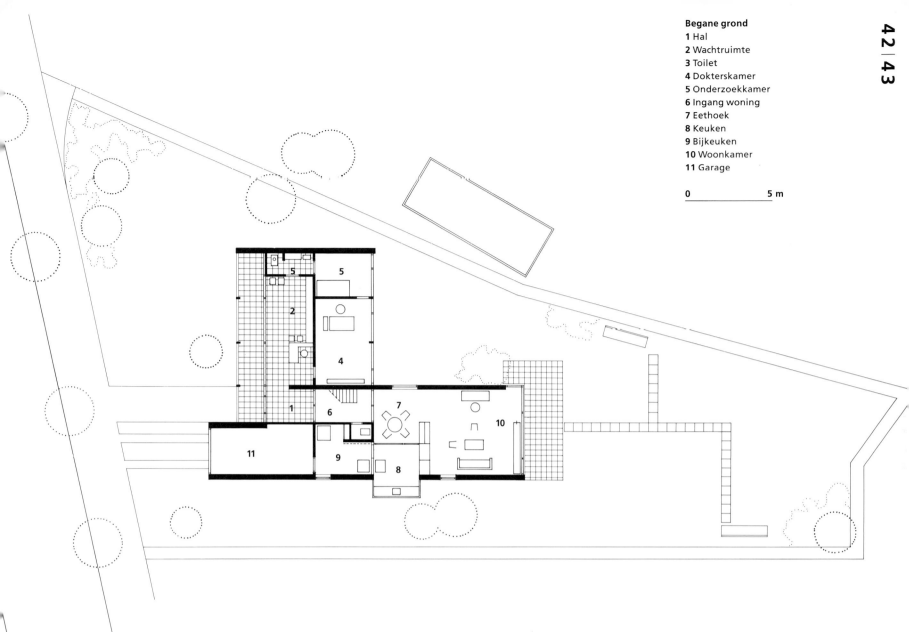

0   5 m

Woningbouw Fizeaubuurt 1945 - 1949

■ Bij het ontwerpen van de woningen in de Fizeaubuurt had Bodon weinig speel-
ruimte. De plattegronden waren min of meer voorgeschreven door de Gemeentelijke
Woningdienst. De eengezinswoningen hebben een benauwde entree en een grote
inpandige berging die alle flexibiliteit in de plattegrond elimineert. De duplexwoningen
– twee woningen boven elkaar, die indien gewenst samengetrokken kunnen worden
(een woonvorm waarmee, overigens zonder veel succes, vooral in de eerste jaren na
de oorlog geëxperimenteerd is) – hebben op de begane grond de woonkamer aan de
voorkant en op de verdieping de woonkamer aan de achterkant. Daarmee is het
onmogelijk ze alle een goede oriëntatie te geven. Alleen in de openheid van de stedebouwkundige opzet van de wijk zijn de idealen van Bodon te herkennen.

Amsterdam
Opdrachtgever
Gemeentelijke Woningdienst Amsterdam
Ontwerp in samenwerking met
L.H.P. Waterman

Begane grond
1 Entree beneden-
en bovenwoning
2 Gang
3 Woonkamer
4 Slaapkamer
5 Keuken
6 Toilet
7 Douche
8 Berging
9 Schuur

0   5 m

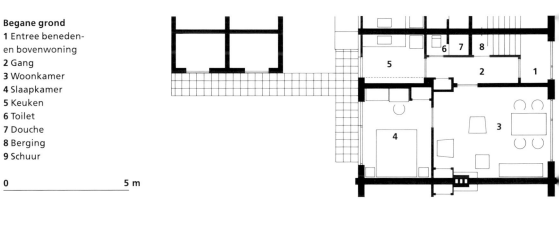

Verdieping
1 Gang
2 Woonkamer
3 Slaapkamer
4 Keuken
5 Badkamer
6 Balkon

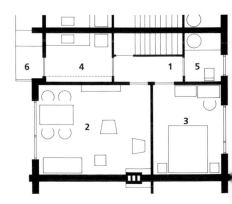

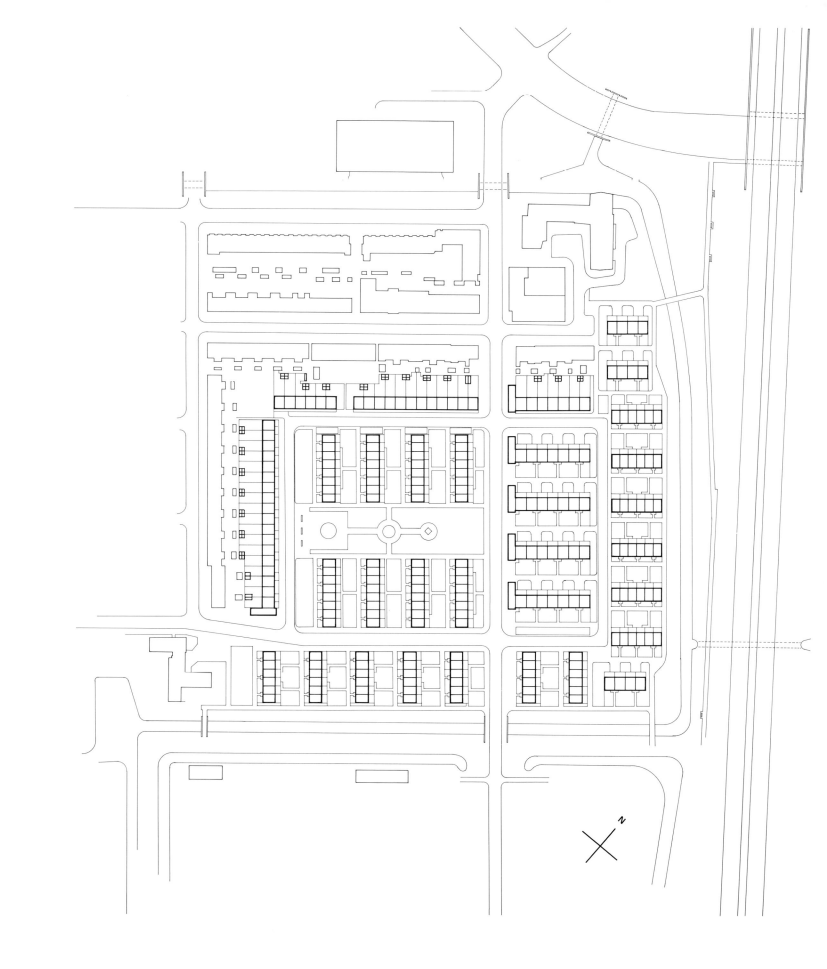

Winkels en woningen ¹⁹⁵⁷⁻¹⁹⁵⁸

■ Dat de woningen en winkels rond het Confuciusplein in Amsterdam verreweg het meest geslaagde woningbouwplan zijn dat Bodon gerealiseerd heeft is geen toeval: ze zijn onderdeel van het Algemeen Uitbreidingsplan (1935) van Van Eesteren c.s. en de context was er dus een waarvan hij tot dan toe alleen had kunnen dromen. Hier kon hij voor het eerst een integraal plan maken waarin de plattegrond van de woningen en de vorm van de stedelijke ruimte in onderlinge dialoog gestalte kregen. Het plein dankt zijn beschutting aan een zes lagen hoge oostwand en een goede bezonning aan een half zo hoge zuidwand. De hoogbouw bevat op de begane grond winkels, woningen en bergingen. De galerijwoningen erboven zijn driekamerwoningen met de keuken en de kinderslaapkamer aan de galerij en de woonkamer en de ouderslaapkamer aan de pleinkant. Op de bovenste verdieping zijn de (kleinere) woningen iets teruggelegd, waardoor een woningbreed terras is ontstaan. De laagbouw bevat eveneens winkels met entree aan het plein. De goedereningang van deze winkels en de entrees van de bovenliggende woningen liggen net als bij de galerijwoningen aan de andere kant, waardoor het plein een voetgangersgebied kon worden.

■ Het plan toont de invloed van Van Tijen, met name in het accepteren van hoogbouw als woonvorm en in de toepassing van een groot woonbalkon. Daarnaast is in het hoge blok een naar Le Corbusier verwijzende driedeling te herkennen: de dubbele hoogte van de winkels wordt weliswaar tegengesproken door een luifel halverwege, maar ook bewust versterkt door daar waar woningen op de eerste verdieping zitten transparante stalen ballustrades te gebruiken. De bovenste laag woningen, samengetrokken onder een luifel met grote uitsparingen, vormt een duidelijke beëindiging. De tussenliggende lagen zijn visueel tot een geheel gesmeed met behulp van een dominerend raster van witte betonnen borstweringen.

Confuciusplein, Amsterdam-Slotermeer
Opdrachtgever
Algemene Woningbouw Vereniging

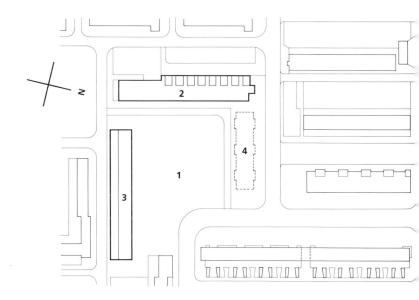

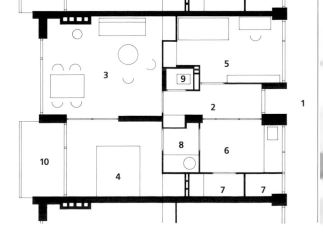

Plattegrond
1 Galerij
2 Gang
3 Woonkamer
4 Slaapkamer
5 Slaapkamer
6 Keuken
7 Berging
8 Badkamer
9 Toilet
10 Balkon (loggia)

0   2 m

Situatie
1 Plein
2 Winkels en galerijwoningen
3 Winkels en bovenwoningen
4 Winkels

Kantoorgebouw Van Leer 1950 - 1951

■ In januari 1950 werd een aantal architecten waaronder Bodon uitgenodigd een schetsontwerp te maken voor een kantoorgebouw voor Van Leer aan het Stadionplein in Amsterdam. Het moest in vier weken tijd gemaakt worden. In zijn toelichting stelt Bodon dat de lokatie, gedomineerd door het Olympisch Stadion en een gebouw van Citroën (beide van architect J. Wils), een robuuste architectuur eiste. Daarom is gekozen voor een hoofdvorm bestaande uit twee verschillende bouwlichamen: een laag volume dat bijna het hele beschikbare terrein zou beslaan en een hoge toren. Het lage gedeelte bevatte voornamelijk functies in de sfeer van de recreatie: een expositieruimte, een bibliotheek met een leeskamer en een schouwburg- en gymnastiekzaal. Dit gedeelte kon ook buiten kantooruren gebruikt worden. Het hoge volume moest een fier gebouw worden met zes kantoorverdiepingen op een dubbelhoge parterre. Deze parterre, een grote transparante hal op anderhalve meter boven het niveau van het plein en met een open galerij, moest het gebouw 'voor het gevoel los van de straat' maken. Belangrijk voor het beeld waren de materiaalkeuze (overwegend beton en glas), 'pilotis' waarop de hoogbouw rust, de beëindiging met een dakopbouw en de gevelopbouw: boven doorgaande stroken glas voor het uitzicht zijn verticale betonnen lamellen gedacht om de zon te weren. Het zijn stuk voor stuk verwijzingen naar Le Corbusier.

■ De afwikkeling van het project was traumatisch. De Amsterdamse Schoonheidscommissie, die als jury fungeerde, prefereerde het plan van Bodon. Maar vanaf het eerste contact tussen architect en opdrachtgever stonden problemen over geldzaken en onduidelijkheden in de opdrachtsituatie de realisatie in de weg. Uiteindelijk werd de hoofdvestiging van Van Leer in 1958 in Amstelveen gebouwd naar een ontwerp van M. Breuer.

Meervoudige opdracht, niet uitgevoerd
Opdrachtgever
Van Leer's Vatenfabrieken N.V.

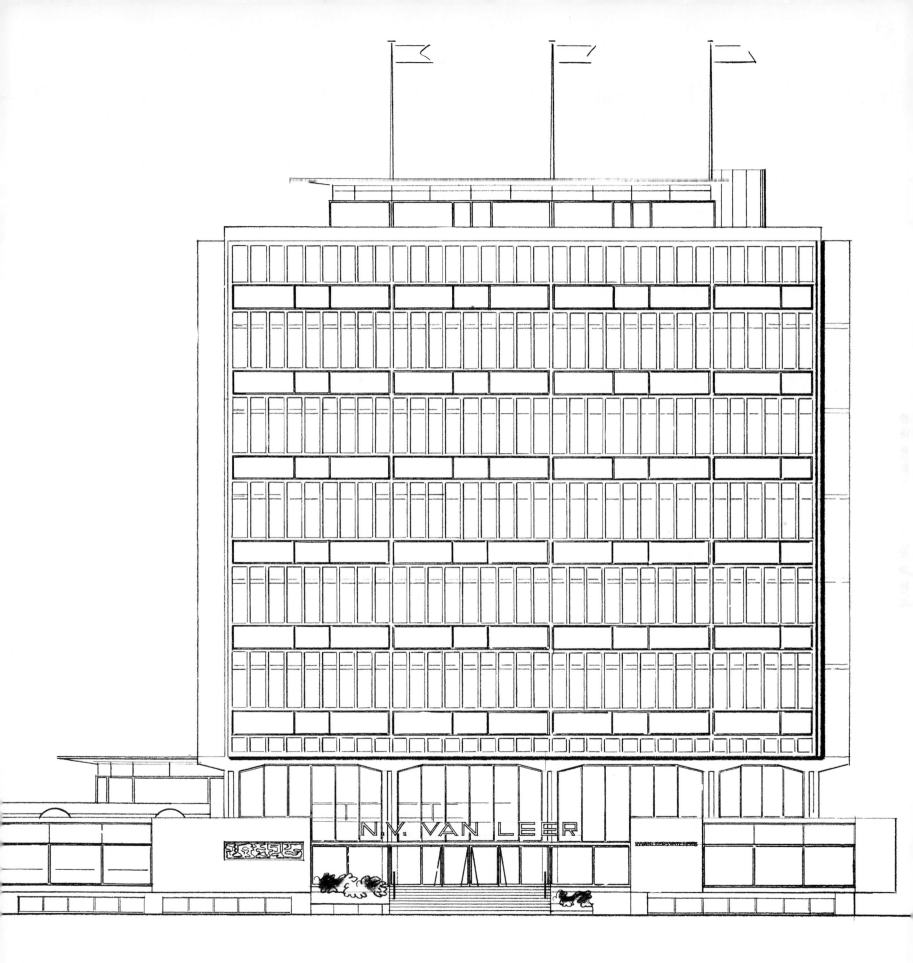

RAI Tentoonstellingsgebouw 1951-1961

■ Toen in het begin van de jaren vijftig sprake was van de bouw van een nieuw expositiecentrum voor de RAI werd een plek gekozen aan de rand van het vooroorlogse Amsterdam – een plek nabij verschillende invalswegen, die een parkachtig karakter kon krijgen en waar zich geen parkeerproblemen zouden voordoen. Het gebouw waaraan behoefte was moest een veelheid van activiteiten kunnen huisvesten. In de eerste plaats natuurlijk exposities en vakbeurzen, maar ook circus- en sportmanifestaties, recepties, shows en diners. Bovenal moest het zich kunnen ontwikkelen tot een centrum voor internationale zakencontacten. Op grond van deze uitgangspunten werd in een jarenlang proces een programma vastgesteld waarvan de kern wordt gevormd door vier expositieruimten, een hal van 20.000 m² en drie hallen van elk ongeveer 4000 m². Daarnaast moest voorzien worden in ruimte voor kleine exposities, kantoorruimte, vergaderzalen, een café-restaurant en een paar dienstwoningen.

■ Het werd een complex waarin alle ruimten vanwege de gevraagde flexibiliteit met elkaar in verbinding staan, maar ook van elkaar gescheiden kunnen worden door middel van schuifwanden en rolluiken. Alle onderdelen kunnen apart functioneren. Ruimtelijk en technisch het spectaculairst is de grote Europahal van 195 bij 67,5 meter bij een grootste vrije hoogte van 16,5 meter. De parabolische vakwerkspanten rusten ter vermijding van dode hoeken niet op de grond maar op zware betonnen jukken, die met trekstangen onder de vloer van de hal met elkaar verbonden zijn om de spatkrachten op te vangen. Dankzij de open kopgevels en de grote daklichten is het daglichtniveau hoog. Bij de keuze van de materialen heeft vooral de eis dat het gebouw duurzaam moest zijn en weinig onderhoud mocht vragen meegespeeld. Dit leidde tot de toepassing van veel schoon beton en gordijngevels van aluminium en glas.

Europaplein, Amsterdam
Opdrachtgever
RAI Gebouw B.V.

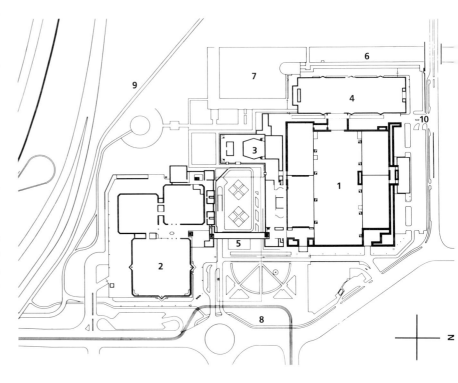

Gevelaanzicht

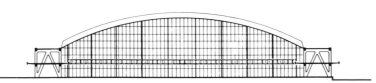

Situatie
1 Europa Complex
2 Holland Complex
3 Congrescentrum
4 Amstelhal
5 Ondergrondse verbindingsgang
6 Boerenwetering
7 Haven
8 Europaplein
9 Beatrixpark
10 Wielingenstraat

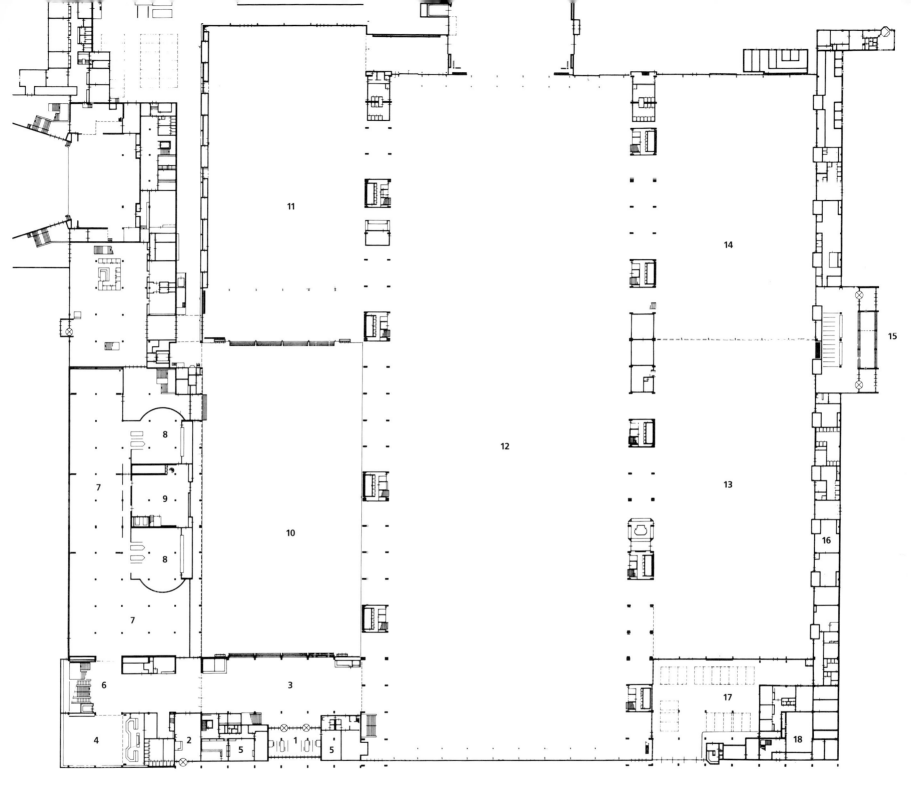

Plattegrond

1 Hoofdingang
2 Ingang kantoren
3 Centrale hal
4 Café ('Europacorner')
5 Receptie
6 Naar de tunnel

7 'Europacafé'
8 Zelfbediening
9 Afwaskeuken
10 Zuidhal
11 Westhal
12 Europahal
13 Oosthal

14 Noordhal
15 Ingang Noord- en Oosthal
16 Dienstruimten
17 Binnenplaats
18 Kantoren RAI Vereniging

0   25 m

RAI Congrescentrum 1961-1965

■ Nog tijdens de bouw van de eerste fase van de RAI kreeg Bodon van de gemeente Amsterdam de opdracht voor een Congrescentrum dat aan de zuidzijde van de tentoonstellingshallen en in verbinding daarmee moest worden gebouwd. Het reeds gebouwde café-restaurant en de daarbij behorende vergaderfaciliteiten en dienstruimten konden dan gemeenschappelijk worden gebruikt. Het programma voorzag in een grote zaal, een kleine zaal, zes vergaderzalen en uitgebreide foyerruimte. Het werd een L-vormig gebouw. De grote zaal (capaciteit 1560 personen) is behalve voor congressen ook als schouwburgzaal te gebruiken dankzij volledige toneelvoorzieningen (het voortoneel is door middel van hefpodia te vergroten tot een volwassen proscenium). De kleine zaal op de eerste verdieping (capaciteit 300 personen) is evenals de vergaderzalen separaat te gebruiken.

■ De hoogte van het gebouw is gelijk aan die van de Glazen Zaal (gebouwd als onderdeel van de eerste fase en in de nieuwe situatie een verbindend element). Erbovenuit steken alleen de contouren van de grote en de kleine zaal, alsmede de toneeltoren – een verticaal accent in het silhouet van de RAI waaraan ook na de bouw van de door Dick Elffers ontworpen reclametoren grote behoefte was. Het deel van het gebouw dat direct aansluit op de expositiehallen heeft een betonnen draagstructuur, het overige gedeelte is opgetrokken uit staal. Bij de invulling daarvan heeft de ruimtelijke continuïteit voorop gestaan. Tot de voornaamste uitgangspunten van Bodon behoorde dat ook van binnen uit de fraaie situatie aan de rand van het park zichtbaar moest zijn en dat alles wat een opgesloten gevoel zou kunnen geven vermeden moest worden. Daarom is de constructie zo ijl mogelijk gehouden, zijn de vloerniveaus binnen en buiten vrijwel gelijk, en hebben beide zalen en de grote foyerruimte wanden met glas van vloer tot plafond.

Europaplein, Amsterdam

Opdrachtgever

Gemeente Amsterdam

Ontwerp interieur in samenwerking met

H. Salomonson, Titia Bodon

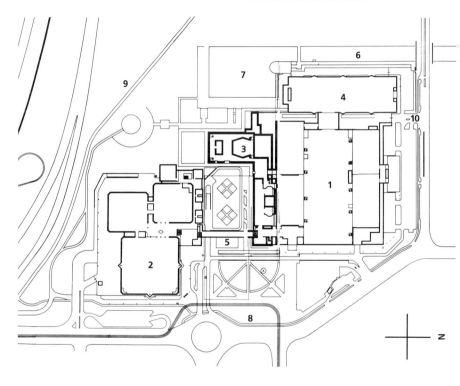

Situatie
1 Europa Complex
2 Holland Complex
3 Congrescentrum
4 Amstelhal
5 Ondergrondse verbindingsgang
6 Boerenwetering
7 Haven
8 Europaplein
9 Beatrixpark
10 Wielingenstraat

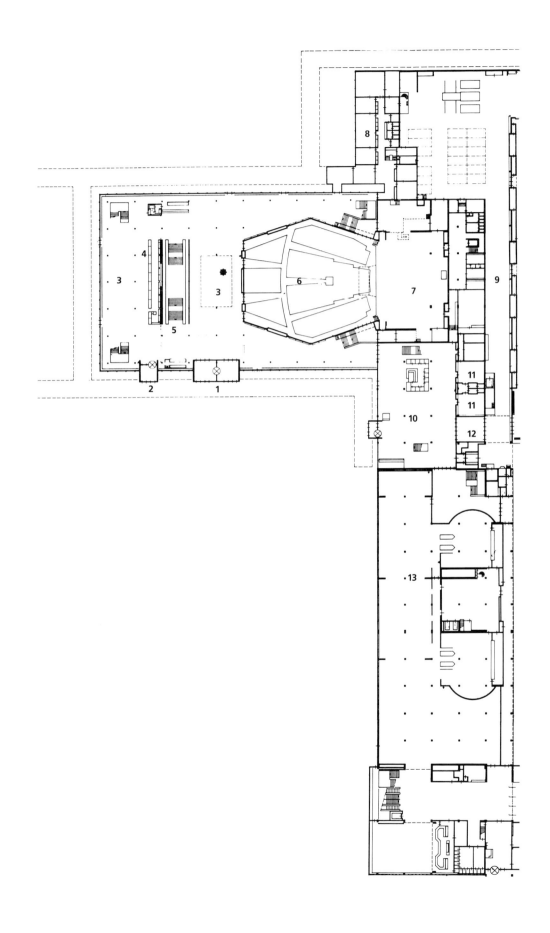

Plattegrond
1 Ingang grote zaal
2 Ingang blauwe zaal
3 Foyer
4 Congresbalie
5 Naar de garderobe
6 Grote zaal
7 Toneel
8 Secretariaat
9 Kleedkamers
10 Secretariaatszaal
11 Pers- en bestuurskamer
12 Doorgang naar Westhal
13 Europarestaurant

0   25 m

RAI Amstelhal ¹⁹⁶⁹

■ Kort na de voltooiing van het Congrescentrum kreeg de noordkant van de RAI in 1965 meer allure door het aanbrengen van een nieuwe ingang met aparte kassa's, een nieuwe garderobe en een vrijstaande luifel in de Noord – en Oosthal (zie pag. 76/77). Op de constructie van deze luifel (een ruimtevakwerk op vier steunpunten) werd doorgeborduurd bij de volgende uitbreiding van de RAI, de Amstelhal. Deze hal is in oppervlakte ongeveer even groot als de Europahal (190 bij 60 m), maar ongeveer even hoog als de kleinere hallen (ruim 10 m). Hij staat in verbinding met de Europahal en de Westhal, maar is geheel zelfstandig te gebruiken dankzij onder meer een eigen café-restaurant aan het water. Hierdoor werd het oorspronkelijke idee om de hoofd-ingang van de RAI aan de noordzijde van het complex te situeren (een idee dat in de jaren vijftig werd verlaten) in zekere zin toch verwezenlijkt.

■ Het ruimtevakwerk dat er toe bijdraagt dat de hal zich presenteert als een auto-noom element binnen het RAI complex, is opgedeeld in vier gescheiden tafels. De indruk van kleinschaligheid die hiermee bereikt is, werd van meet af aan nagestreefd omdat gevreesd werd dat een al te dominerende hal afbreuk zou doen aan de sfeer rond de Boerenwetering en in het aangrenzende park. Elk van deze tafels heeft vier waaiervormige stalen poten op een zware betonnen voet. De lichtstroken tussen de tafels lopen door in de gevels en zorgen er samen met twaalf transparante domes in het dak voor dat ook deze hal een hoog daglichtniveau heeft. De zelfdragende gevels bestaan uit een betonnen borstwering, glas in staalprofielen en aluminium bekle-ding.

Europaplein, Amsterdam
Opdrachtgever
RAI Gebouw B.V.

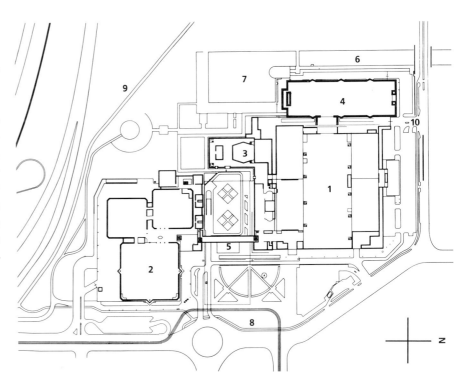

Situatie
1 Europa Complex
2 Holland Complex
3 Congrescentrum
4 Amstelhal
5 Ondergrondse verbindingsgang
6 Boerenwetering
7 Haven
8 Europaplein
9 Beatrixpark
10 Wielingenstraat

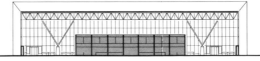

Gevelaanzicht

Plattegrond
1 Ingang
2 Kantoren boven ingang
3 Verbindingshal
4 Café restaurant
5 Snelbuffet
6 Keuken
7 Onderdoorrit
8 Binnenplaats

25 m

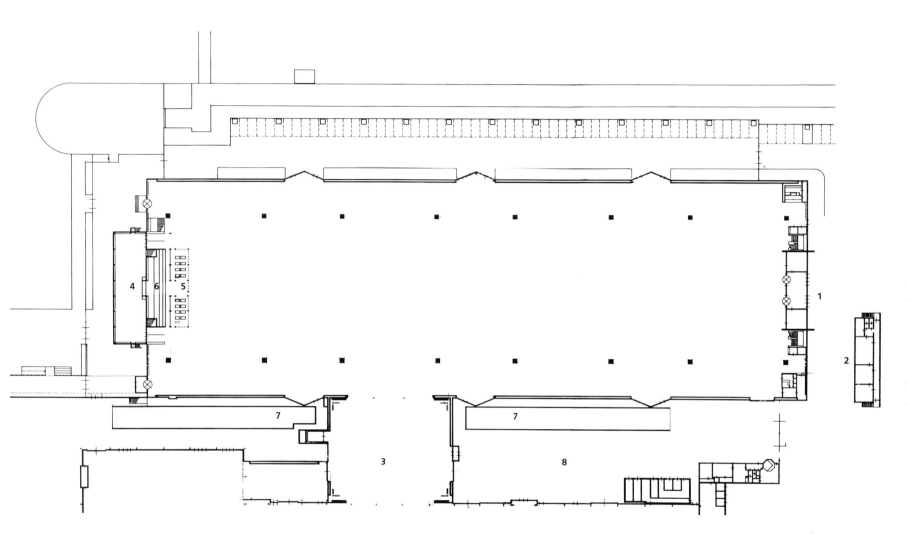

Gevelaanzicht

RAI Holland Complex 1977-1982

■ Hoewel het dak van de Amstelhal op een minimaal aantal steunpunten rust bleek dit in de praktijk toch storender dan van tevoren verwacht was. Om die reden werd, zodra in de jaren zeventig weer sprake was van een uitbreiding, vastgesteld dat de vrijheid van handelen in nog te bouwen hallen niet gehinderd mocht worden door kolommen in de ruimte. Daarnaast werd nadrukkelijk gesteld dat de hallen snel gebouwd moesten kunnen worden. Het resultaat was een complex bestaande uit drie hallen: een hal van 10.000 m² en twee hallen van 5000 m² met een vrije hoogte van ongeveer 12 meter. Omdat de RAI wilde dat onder de hallen op maaiveldniveau geparkeerd kon worden werd een zware betonnen onderbouw gemaakt en het vloerniveau van de expositieruimten drieëneenhalve meter opgetild. De ruimtelijke overgang tussen de nieuwe uitbreiding en de bestaande bebouwing werd gevonden in de gevraagde uitbreiding van het congrescentrum (vergaderzalen, een restaurant, kantoren en andere dienstruimten).

■ Voor de overkapping werd evenals in de Amstelhal de voorkeur gegeven aan een licht ruimtevakwerk, nu rustend op kolommen in de wanden. Dit leverde bij de kleinere hallen geen problemen op omdat de overspanning van 67,5 m gemakkelijk gehaald kon worden. Voor de grote Hollandhal (97,5 bij 97,5 m) werd de oplossing gevonden in een vakwerk dat bijna identiek is aan de andere twee, maar 45° is gedraaid en gedragen wordt door vier liggers. Glas en lichtdoorlatende kunststof-panelen in de gevel maakten daklichten onnodig. Opvallend is dat de kleurstelling van het Holland Complex veel gelijkenis vertoont met die van de boekwinkel van Schröder en Dupont.

Europaplein, Amsterdam
Opdrachtgever
RAI Gebouw B.V.

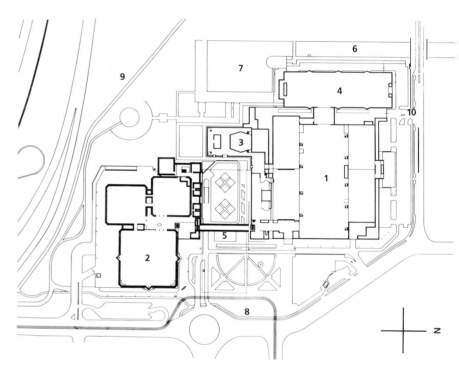

Doorsnede Hollandhal

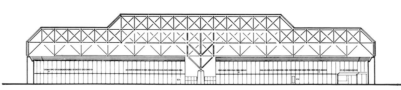

Situatie
1 Europa Complex
2 Holland Complex
3 Congrescentrum
4 Amstelhal
5 Ondergrondse verbindingsgang
6 Boerenwetering
7 Haven
8 Europaplein
9 Beatrixpark
10 Wielingenstraat

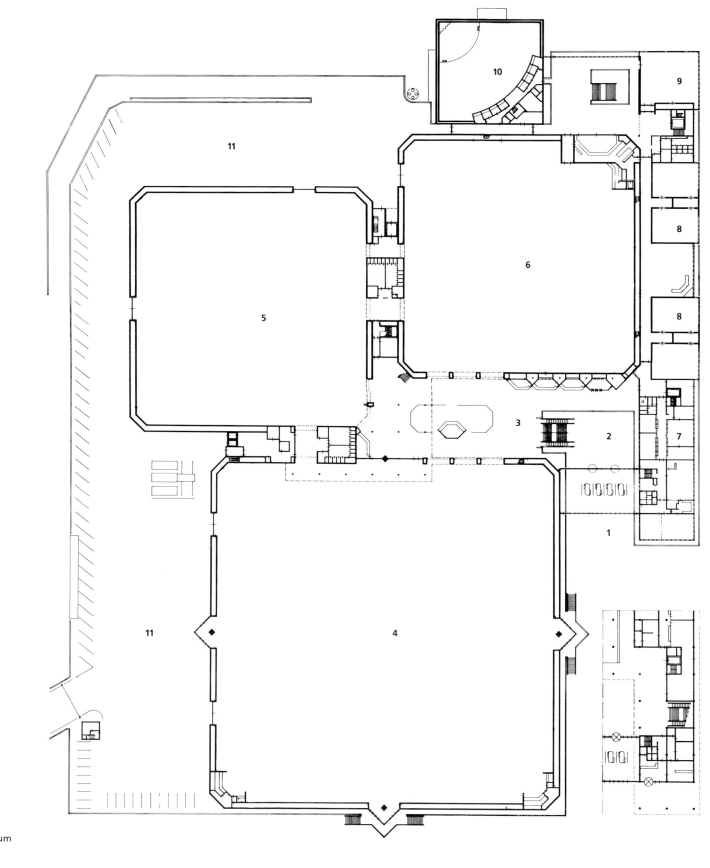

0   25 m

Opleidingscentrum Hoogovens 1961-1966

■ In het opleidingscentrum van de Hoogovens worden werknemers opgeleid en omgeschoold. Gelegen op een lokatie iets buiten het feitelijke fabrieksterrein biedt de school onderdak aan vijfhonderd leerlingen. Het gebouw is een letterlijke interpretatie van een driedelig programma van eisen. Het theoriegedeelte is een blok van drie lagen. Het is noord-zuid georiënteerd om alle door een middengang gescheiden lokalen van de zon te laten profiteren. Het praktijkgedeelte is een echte werkplaats cum annexis die eveneens nood-zuid is gelegen, maar nu om via sheddaken het noorderlicht binnen te laten. Deze twee tamelijk gesloten bouwvolumes zijn verbonden door middel van een uitnodigend open gedeelte, waarin de receptie, de administratie en de kantine zijn ondergebracht.

■ De logica die uit deze ordening spreekt is tot in de details doorgezet. De toepassing van staal (zowel in de draagstructuur als in de afwerking) maakt dat het gebouw een driedimensionaal vignet kon worden voor het bedrijf waartoe het behoort. Maar de voornaamheid ervan maakt duidelijk dat het binnen dat bedrijf een bijzondere plaats inneemt. Door de sheddaken een royale aankleding te geven is bereikt dat deze een subtiele meerwaarde hebben gekregen: het is in één oogopslag duidelijk – ook voor wie het gebouw voor het eerst ziet – dat eronder geen gewone fabriek maar iets dat daarop lijkt gehuisvest is. Het contrast tussen de horizontaliteit van de werkplaats en de verticaliteit van het theoriegedeelte verwijst naar de toekomst. In het eerste geval is met expansie in de breedte rekening gehouden, in het tweede kan ook in de hoogte worden uitgebreid.

Wenckebachstraat 21, IJmuiden
Opdrachtgever
Koninklijke Nederlandse Hoogovens en Staalfabrieken N.V.

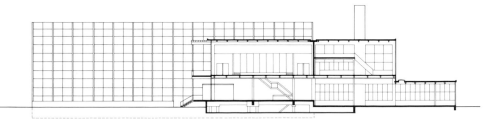

Doorsnede

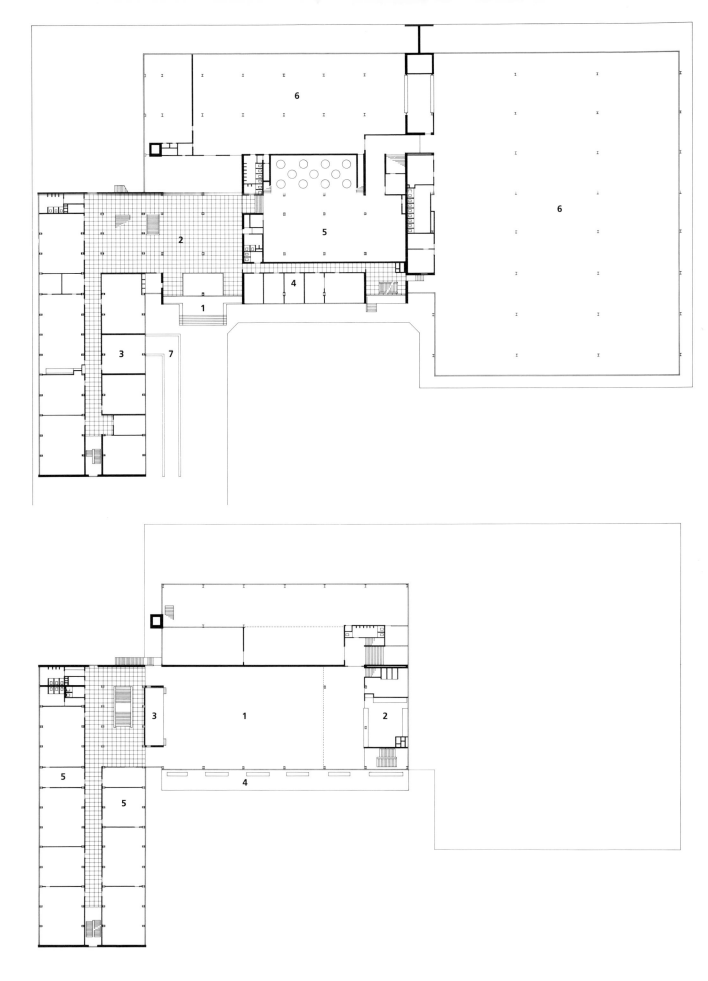

Begane grond

1 Ingang
2 Hal
3 Theorielokalen
4 Kantoren
5 Was- en kleedruimte
6 Werkplaats
7 Afrit rijwielstalling

0   10 m

Verdieping

1 Kantine
2 Keuken
3 Toneel
4 Balkon
5 Theorielokalen

Kantoorgebouw 'Weesperstaete' 1969 -1971

■ Het kantoorgebouw Weesperstaete is gebouwd als verhuurkantoor, maar al tijdens de bouw koos de Universiteit van Amsterdam het als behuizing voor het Psychologisch Laboratorium van de Subfaculteit Psychologie en als zodanig is het door Bodon ingericht. Zo heeft het gebouw een dubbele betekenis gekregen. Het is de expressie van de groei van de universiteit in de jaren zestig (bij de inrichting ervan moest rekening gehouden worden met 1600 studenten en een honderdtal stafleden) en gebouwd aan de grote verkeersdoorbraak Weesperstraat/Wibautstraat zal het altijd blijven getuigen van een periode waarin veel problemen de stad boven het hoofd groeiden.

■ Bodon ontwierp een gebouw dat een duidelijke hoek van twee straten vormt en tegelijk een sterke autonomie vertoont. Op straatniveau ligt een aantal functies die voor het publiek toegankelijk zijn, erboven is de doos hermetisch gesloten. Het betonskelet is omsloten door een vliesgevel van donker zonwerend glas gevat in matzwarte staalprofielen. Vorm en uiterlijk (door de Amsterdamse bevolking onmiddellijk gehonoreerd met de bijnamen 'doodskist' en 'black box') verwijzen vooral naar de verwarring in de stadsontwikkeling en stadsvernieuwing waarvan rond 1970 sprake was. Bodon is er bij het ontwerpen vanuit gegaan dat het gebouw zou komen te liggen aan een plein dat met kiosken, een café en een ingang van een metrostation had kunnen lijken op een New Yorkse 'plaza'. In dat licht past ook zijn oorspronkelijke bedoeling het gebouw een paar lagen hoger te maken en te voorzien van een dakopbouw, een plan waarvoor hij geen toestemming kreeg van de schoonheidscommissie.

Weesperplein 8, Amsterdam
Opdrachtgever
Bank voor Onroerende Zaken N.V.

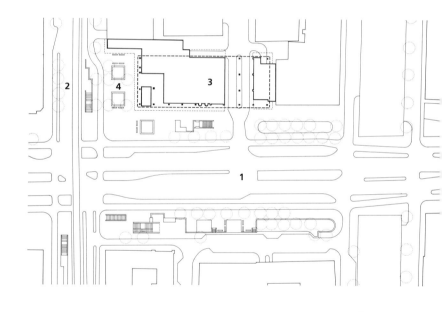

Situatie
1 Weesperplein
2 Sarphatistraat
3 Kantoorgebouw
4 Plaza

Kantoorgebouw AKZO 1971

■ Het hoofdkantoor van de AKZO is organisatorisch van een grote eenvoud. Vijf kantoorlagen met op het dak een aantal directiekamers worden ontsloten via een half verzonken parkeerlaag, een verhoogd voorplein en een begane grond waar onder andere de kantine gelegen is. In het interieur hebben Bodon en Salomonson gestreefd naar een zekere grandeur en vooral een behagelijke atmosfeer willen scheppen. Daartoe is in de lage, lichte hal een natuurstenen vloer gelegd en is ongeschilderd hout gebruikt voor plafond en puien. In de kantoren ligt grijsbruin tapijt en valt de soberheid van het houten meubilair op.

De uiterlijke aspecten van het gebouw zijn minder eenduidig. Het kantoor moest gebouwd worden in een buitengewoon chaotische situatie, waarin alle denkbare ingrediënten van de gebouwde omgeving aanwezig zijn: een drukke verkeersweg waarlangs een groenstrook met water en een park met kleinschalige bebouwing liggen, en een winkelcentrum met parkeervoorzieningen, woningen en kantoren.

■ In die situatie hebben Bodon en Salomonson gekozen voor een beeld dat zich niet laat wegcijferen, maar – integendeel – duidelijk meespeelt. Dit komt vooral tot uiting in het contrast tussen de lichtgrijze betonnen gevelpanelen en het bronskleurige glas. Ter afsluiting van het voorplein en in een poging een gebaar te maken in de richting van het publieke domein rond het winkelcentrum werd een laag paviljoen, bedoeld voor openbare tentoonstellingen, gebouwd. Maar dit heeft nooit gefunctioneerd en werd al snel na de opening van het gebouw door de AKZO zelf in gebruik genomen.

IJssellaan 82, Arnhem
Opdrachtgever
AKZO N.V.
Ontwerp in samenwerking met
H. Salomonson

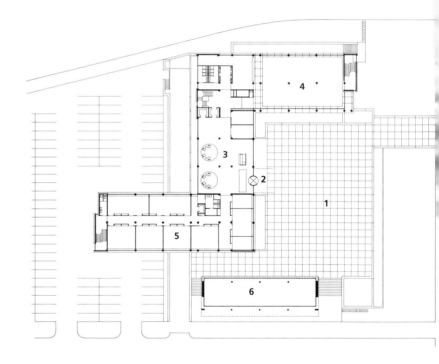

Plattegrond
1 Verhoogd voorplein
2 Ingang
3 Hal
4 Kantine
5 Kantoren
6 Expositieruimte

0 — 25 m

Uitbreiding
Museum Boymans-van Beuningen 1963 - 1972

■ Het Museum Boymans-van Beuningen is in 1935 gebouwd naar een ontwerp van A.J. van der Steur. Omdat het museum van meet af aan met ruimtegebrek werd geconfronteerd heeft deze van het eind van de jaren dertig tot aan zijn dood in 1953 gewerkt aan uitbreidingsplannen. Maar pas in 1963 werd de weg vrij gemaakt voor de enige juiste oplossing, een verbreding van het museumfront langs de Mathenesserlaan. In dat jaar kreeg Bodon, die inmiddels Van der Steur was opgevolgd, de opdracht het gebouw in twee fasen uit te breiden. De wens het beschikbare bouwterrein volledig te benutten heeft geleid tot een compact, langgerekt bouwvolume, dat door twee verkeersstroken in drieën wordt gedeeld. Daglicht treedt op de begane grond via ramen en op de verdieping via daklichten toe. In het (donkere) hart van het gebouw ligt het van alle daglicht afgeschermde prentenkabinet. Het gebouw heeft een betonskelet, niet-dragende baksteen wanden en een stalen dakconstructie met shedkappen. De hoofdingang is onderdeel van een als tijdelijk bedoelde strook langs de oostgevel.

■ Bodon heeft het moeilijk gevonden het gebouw van Van der Steur, waarvoor hij veel waardering had, uit te breiden. Dit heeft zich geuit in het zoeken naar een verwantschap tussen oud en nieuw in volume, materiaalkeuze en detaillering. Tegelijk is er één groot verschil: het gebouw van Van der Steur is gesloten en naar binnen gekeerd, Bodon heeft zijn uitbreiding open gemaakt opdat van buiten gezien wordt wat zich binnen afspeelt. Onder andere omdat het terrein waarop de tweede fase had moeten worden gerealiseerd tot beschermd stadsgezicht werd verklaard, is het bij de eerste fase gebleven.

Mathenesserlaan 28, Rotterdam
Opdrachtgever
Gemeente Rotterdam
Ontwerp interieur in samenwerking met
H. Salomonson

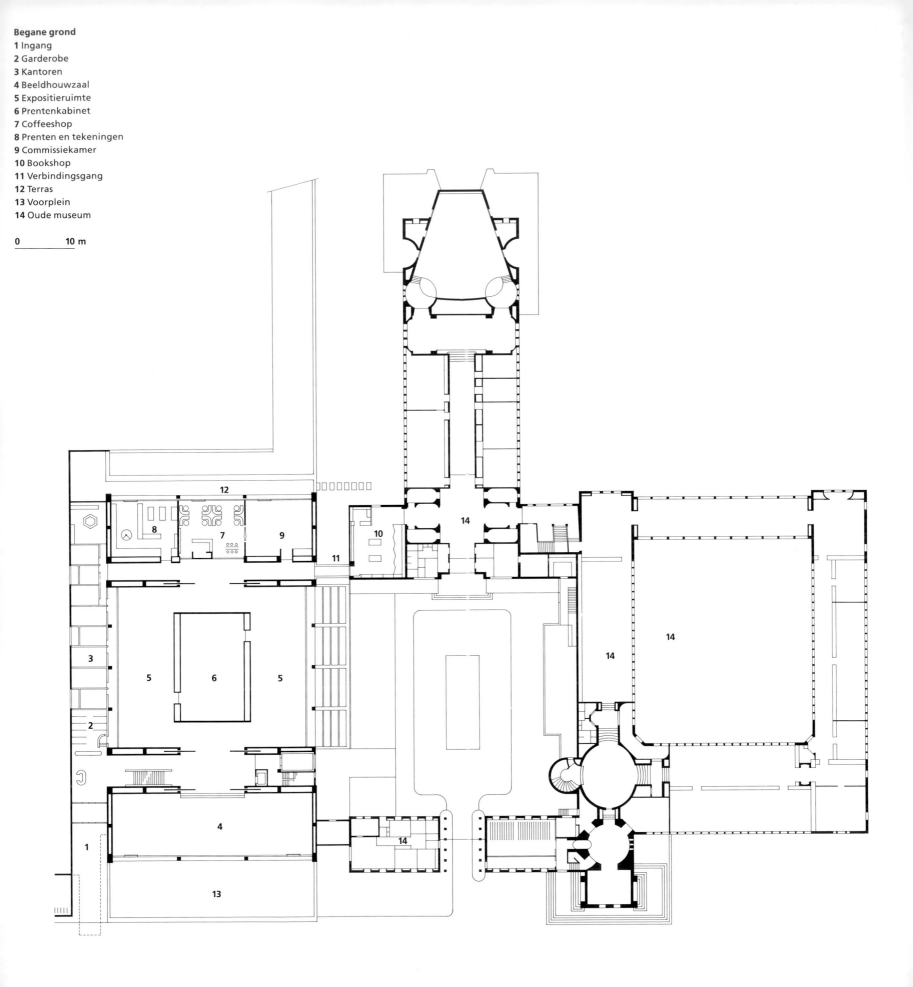

Begane grond
1 Ingang
2 Garderobe
3 Kantoren
4 Beeldhouwzaal
5 Expositieruimte
6 Prentenkabinet
7 Coffeeshop
8 Prenten en tekeningen
9 Commissiekamer
10 Bookshop
11 Verbindingsgang
12 Terras
13 Voorplein
14 Oude museum

0   10 m

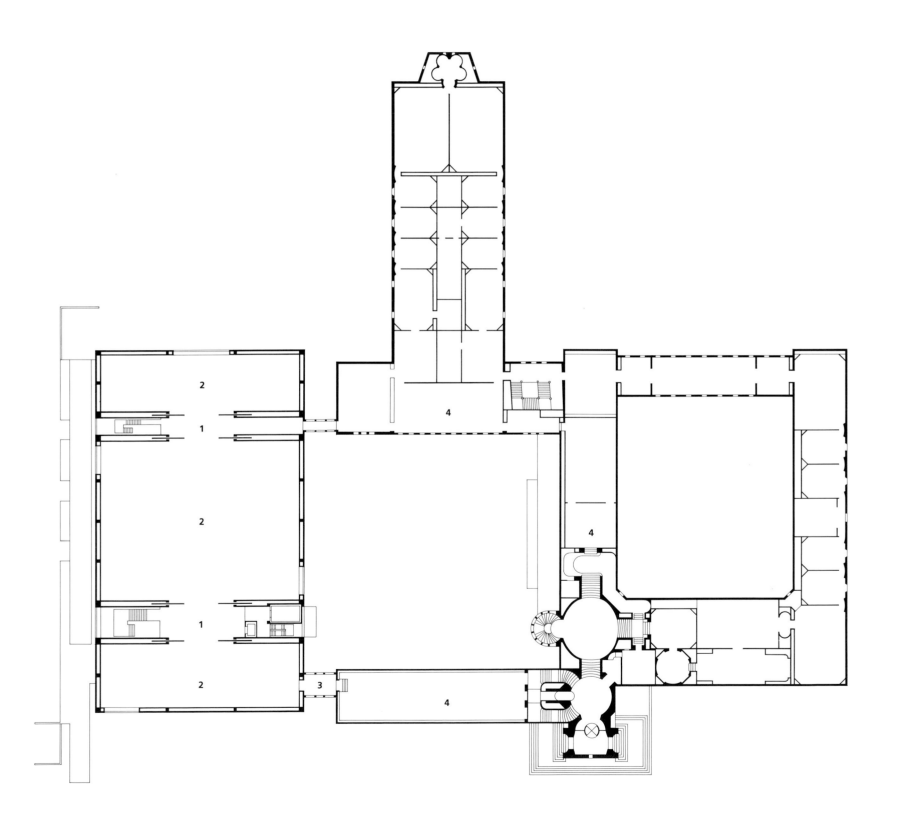

Voorbouw
Museum Boymans-van Beuningen 1989 - 1990

■ In hetzelfde jaar waarin de voorbereidingen voor de door H.J. Henket ontworpen uitbreiding van het museum aan de achterkant begonnen (1989) heeft Bodon een plan gemaakt voor een voorbouw. Daarin is een nieuwe ingang opgenomen die de als tijdelijk bedoelde entree uit 1972 moet vervangen. De ingang wordt geflankeerd door een café en een boekwinkel. Het ontwerp voorziet in een uit staal en glas opgetrokken doos die zorgvuldig losgehouden is van het bestaande gebouw en daar als een serre aan toegevoegd kan worden.

Mathenesserlaan 28, Rotterdam
Opdrachtgever
Gemeente Rotterdam
Uitvoering in samenwerking met
Hubert-Jan Henket

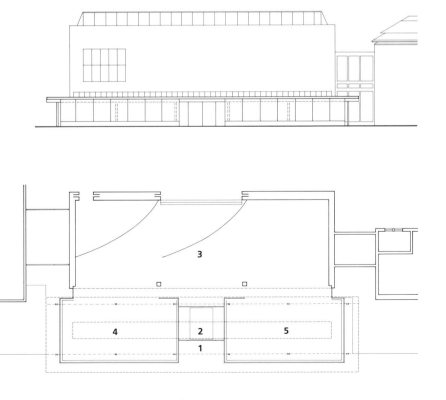

Plattegrond
1 Ingang
2 Tochtportaal
3 Beeldhouwzaal
4 Bookshop
5 Coffeeshop

0   10 m

Kantoorgebouw Estel 1974-1976

■ In 1972 fuseerden de Nederlandse Hoogovens en het Duitse Hoesch en was behoefte aan een hoofdkantoor voor het nieuwe staalconcern Estel, ergens halverwege IJmuiden en Dortmund. Dat leidde de firma naar Nijmegen, waar aan de rand van de stad een voor Nederlandse begrippen uniek terrein werd gevonden: een souverein boven het polderlandschap oprijzende heuvel. Van deze bijzondere situatie heeft Bodon geprofiteerd door een gebouw te maken dat in zijn silhouet de logische bekroning van de heuvel is. Het bestaande talud heeft zijn voortzetting gevonden in een reeks terrassen.

■ De plattegrond toont een centrale hal waarop vier kantoorvleugels uitkomen. Bijzondere voorzieningen zoals restaurant, auditorium en vergaderzalen bevinden zich in de onderste lagen. De twee ondergrondse lagen, waar geparkeerd kan worden, zijn uit beton opgetrokken. Daarboven wordt het gebouwen gedragen door een staalskelet rond een betonnen kern ten bate van de stabiliteit. Opmerkelijk zijn de zware ronde buisprofielen die voor de kolommen zijn gekozen en de paddestoel-constructie die het op de begane grond mogelijk maakt vier lichte kolommen te vervangen door één zware. Dit laatste is onder andere gedaan om de entreehal (en daarmee een groot deel van de begane grond) zo transparant mogelijk te houden en zo het contact tussen de stad en het omliggende land niet geheel te verbreken. De terrassen waartoe Bodon geïnspireerd was door een kort tevoren gemaakte reis naar Indonesië, de balkons en de dakoverstekken maken dat in- en exterieur met elkaar in dialoog zijn op een manier die aan Frank Lloyd Wright doet denken. Gebouw, tuin (ontworpen door M. Ruys) en heuvel versmelten in één groot, geïntegreerd teken, dat zowel iets trots' als iets nederigs heeft.

Barbarossastraat 35, Nijmegen
Opdrachtgever
Estel N.V.
Ontwerp in samenwerking met
J.H. Ploeger

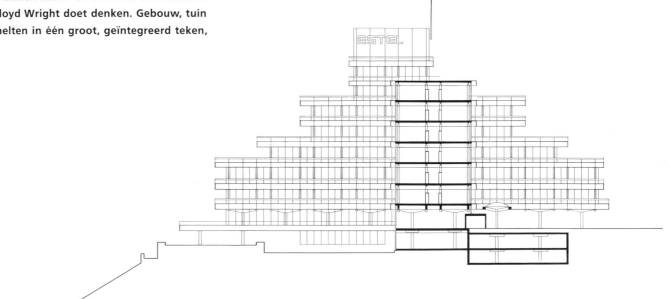

Doorsnede

Verdieping
1 Hal
2 Kantoren
3 Terras

0   10 m

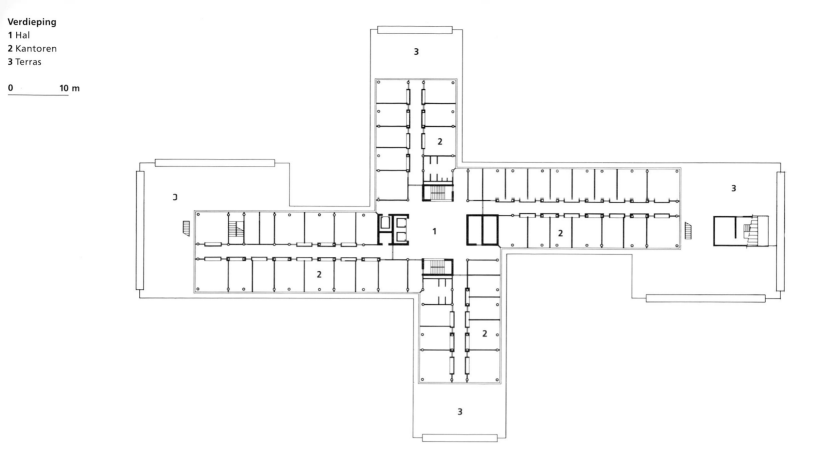

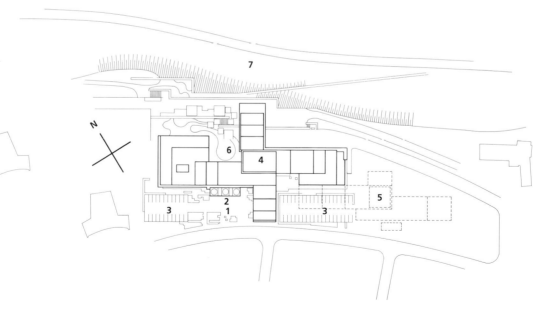

Situatie
1 Voorplein
2 Ingang
3 Parkeren
4 Hoofdgebouw
5 Uitbreiding
6 Tuin
7 Ooypolder

Restaurant 'Halvemaan' 1985 -1988

■ Het restaurant 'Halvemaan' is het resultaat van een samenwerking tussen architect en opdrachtgever, die berustte op duidelijke afspraken over het beoogde beeld en de sfeer die het gebouw moest hebben. De marges waarbinnen gewerkt moest worden waren gering, want het aantal vierkante meters en de hoogte van het te bouwen restaurant lagen vast. Binnen die beperkingen zijn de mogelijkheden goed benut. Door een plattegrond te maken in de vorm van een kwartcirkel en de rechte hoek bijna te laten samenvallen met een van de hoeken van het terrein, heeft Bodon ervoor gezorgd dat het restaurant een panorama over het water en het groen in de directe omgeving biedt en een grote uitstraling heeft. Het gebouw lijkt – zoals veel van zijn gebouwen – van buiten kleiner dan het is doordat het zowel compact als heel transparant is. Karakteristiek voor Bodon is hoe bezoekers van het gebouw op weg naar het restaurant op ongedwongen wijze worden begeleid, een weg naar binnen moeten volgen, die vlak voordat het einddoel bereikt is ineens weer naar buiten lijkt te voeren en zo even herinnert aan waar men vandaan komt. De eetzaal op de verdieping doet terugdenken aan waar het bijna zestig jaar terug allemaal mee begon. Evenals in de boekwinkel van Schröder en Dupont kan men zich ook hier – volgens de beste traditie van het Nieuwe Bouwen – op een scheepsbrug wanen en zoals de boekwinkel de expressie was van de ideeën van een oorspronkelijke boekhandelaar, zo heeft Bodon hier aangevoeld dat dit restaurant de chique huiskamer moest worden van een restaurateur met een zeer persoonlijke visie.

Van Leijenberghlaan 20, Amsterdam-Buitenveldert
Opdrachtgever
Dhr. en mevr. J. Halvemaan
Uitvoering in samenwerking met
Bureau Salomonson, Tempelman en Egberts

Begane grond
1 Trap en afrit
2 Ingang
3 Portaal met toiletten
4 Ontvangst
5 Wijnopslag
6 Terras
7 Keuken
8 Etenslift
9 Trap naar restaurant
10 Plaatsje
11 Bedrijfsingang

0   5 m

Verdieping
1 Restaurant
2 Pantry
3 Border met garderobe

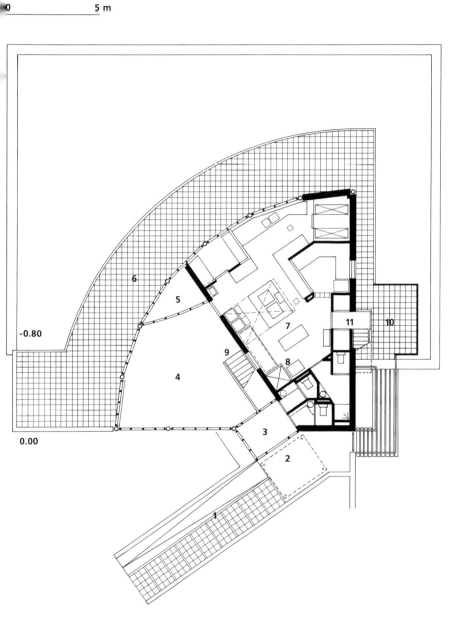

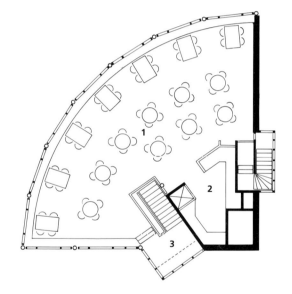

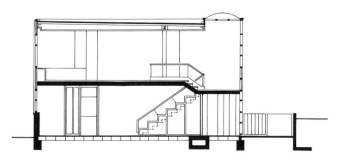

Doorsnede

1906
Geboren te Wenen
1926
Stage bij Jan Wils in Voorburg
1927
Afgestudeerd aan de Kunstnijverheidsschool te Budapest
1929
Vestigt zich in Nederland
1929-1932
Tekenaar bij Buijs & Lürsen, 's-Gravenhage
1930
Hoofd tekenkamer Buijs & LGrsen bij de bouw van het kantoor voor De Arbeiderspers Amsterdam
1932
Meubelontwerper bij Firma Ahrend & Zn, Amsterdam
1932
Eerste zelfstandige opdracht in Nederland: Boekhandel Schröder en Dupont, Amsterdam
1932-1956
Lid van architectengroep 'De 8' en de 'Nederlandse CIAM-groep'
1933-1943
Verbonden aan de Nieuwe Kunstschool te Amsterdam, eerst als docent interieurarchitectuur, vanaf 1936 als directeur
1934-1939
Chef de bureau bij Merkelbach en Karsten, Amsterdam, waar hij architectonisch medewerker is bij de bouw van de A.V.R.O. studio te Hilversum en ontwerper van de uitbreiding daarvan
1939
Lid van de Nederlandse CIAM-werkgroep 'Functionele buitenwanden'
1939
Verkrijgt Nederlandse nationaliteit
1941
Werkt mee aan de moderne afdeling van de tentoonstelling 'In Holland staat een huis', Stedelijk Museum Amsterdam
1942-1957
Lid van de 'Studiegroep voor architectonische verzorging van de naoorlogse woningbouw' van de Kring Amsterdam B.N.A., vanaf 1947 geheten: 'Studiegroep voor woningarchitectuur'
1945
Vestigt eigen bureau te Amsterdam
1946-1949
Docent architectuur aan de Academie van de Bouwkunst, Amsterdam
1948-1958
Lid van de 'Nagele-werkgroep' van 'De 8'
1952
Voorzitter van de 'Studiecommissie standaard kozijndetails'
1952-1960
Docent architectuur aan de Academie van Bouwkunst, Amsterdam
1954
Wordt lid van bureau Van der Steur, Van Bruggen en Drexhage te Rotterdam, vanaf 1974: DSBV, ingenieurs en architecten

1960-1966 / 1976-1982
Lid en voorzitter van de Amsterdamse Schoonheidscommissie
1967
Lid van de groep 'Roozenburg', stuurgroep van de BNA
1967-1968
Jurylid voor het Congresgebouw te Innsbruck, Oostenrijk
1969-1980
Supervisor bouw winkelcentrum Hoog Catherijne, Utrecht
1975-1986
Supervisor over bruggen van Amsterdam
1977
Toekenning Nationale Staalprijs voor het hoofdkantoor van ESTEL N.V., Nijmegen
1979
Toekenning Europese Staalprijs voor het hoofdkantoor van ESTEL N.V., Nijmegen
1979-1983
Supervisor Stationsplein, Amsterdam
1980
Toekenning A.J. van Eckprijs voor Holland-complex van de RAI
1981
Benoeming tot officier in de orde van Oranje-Nassau
1982
Toekenning Merkelbachprijs voor het RAI-complex, later door de Raad van de Kunst op formele gronden afgewezen.
1983
Lezing voor Stylos over eigen werk in het algemeen en het Holland-complex van de RAI in het bijzonder, TH Delft
1983
Toekenning Nationale Staalprijs voor de uitbreiding van het RAI-complex aan Bodon, i.s.m. DSBV architecten en ingenieurs (J.H. Ploeger en J.W.B. Enserink)
1983
Toekenning Europese Staalprijs voor de uitbreiding van het RAI-complex
1983
Toekenning Annual Aluminium Award voor de uitbreiding van het RAI-complex
1983-1988
Lid schoonheidscommissie Haarlem
1984
Lezing voor de Academie van Bouwkunst over eigen werk en de praktijk van de architectuur, Amsterdam
1986
Tentoonstelling Stedelijk Museum: 'A. Bodon: een keuze uit mijn werk. Architectuur 1926-1986'
1988
Jurylid meervoudige opdracht Nederlands Architectuur Instituut, Rotterdam

Projects

Schröder and Dupont Bookshop 1932

■ Keizersgracht 516 was originally an average canal house with a high step and a first floor, but the latter was partly demolished during alterations at the beginning of this century to accommodate a tall shop area at the front. Here the bookseller F.J. Dupont wanted a shop where his customers could find their own way around – something new at that time – and for this reason Bodon when making the design focused on perfecting access to the shelves up stairs and along galleries. The bookseller was given a reception area on the first floor at the back of the shop, from where he had a complete view of the shop, which in all respects illustrated the principles behind the 'Nieuwe Zakelijkheid'.

■ The need to utilize all the light admitted by the narrow shop front was met by slender steel structures and steel furniture. Of this furniture the book racks and desks came from Ahrend & Son, the freestanding pieces from Gispen. The spatial balance was dictated to a large degree by the book-lift, the only vertical element in the interior and thus counterbalancing the galleries. The predominantly grey shop (the steel cupboards were sprayed with aluminium paint, the linoleum was mouse-grey) was sparingly highlighted with touches of yellow and blue. Otherwise the space was coloured by the covers of the books. The facade drew the attention with its slender posts and clear lettering. The large glazed surface turned the shop, as it were, into one large display window. In the seventies the shop premises were taken over by an art dealer, who though leaving its interior intact changed the colours and the shop front.

1 Doorway
2 Display window
3 Entrance to upstairs dwelling
4 Shop
5 Book-lift
6 Office
7 Gallery

Cross section

Designs 1938-1942

■ In the Netherlands the years around 1940 were characterized by the almost complete absence of commissions, though at this same time a lively discussion on the significance of form governed the mood amongst modern architects.

■ The design for the Traffic Office, made for a competition held by the Architectura et Amicitia association in 1938, was produced by Bodon in the year of the fracture between the core of 'de 8' and members of Group '32. It should be seen primarily as a finger exercise, but bears the traces of the conflict within the Modern Movement. The programme prescribed a meeting place for small-scale traffic and transport, with a bus stop, a bicycle shed and a landing stage for boats. Between these is space for ticket offices and a waiting room. The design, which won first prize, is the only one by Bodon in which symmetry plays a well-defined role while the decoration seems to reveal a wavering of intentions.

■ In the timber Weekend House, designed for the Summer Exhibition that was to have been held in Amsterdam Municipal Museum in 1940, this doubt has been dispelled. Here everything, down to the smallest details and with no frills, is subordinated to efficient use of the available space.

■ The plan for a school (Cobouw competition, 1942) is almost an ode to Duiker. In it three classrooms face the sun below a light concrete roof on slender columns. They form the principal part of a subtly organized school. The entrance is centrally placed in the building, as are the ablutions areas in relation to the three classrooms. The teachers are housed in a volume set slightly apart from the classrooms, which offers them physical distance from the teaching aspect during breaks between lessons. At the same time the comparative independence of this area of the building clearly reveals in a unauthoritarian way where the school staff can be found.

Salon des Artistes Décorateurs 1949

■ The Netherlands' contribution to the Salon (the first international event in this field since the war) was realized in consultation with W.J.H.B. Sandberg and W.H. Gispen, both members of the Arts Council (Raad voor de Kunst). The plan's point of departure was that in terms of luxury and extravagance it was impossible to surpass the French interior and no attempt should be made to do so. They then decided to choose for their design from the simplest possible interiors and furniture. Because there was no money they appealed to factories, firms and organizations to loan exhibition material. The Stichting Goed Wonen (Good Living Foundation) provided a tastefully designed living room, the firm of Bruynzeel a kitchen and Metz & Co. a study, with furniture by various designers and decorated with art works from the Stedelijk Museum in Amsterdam. And to show that the Dutch too could create a feeling of comfort when required, a mock-up of a luxury cabin from an ocean-going steamer of the Holland-America Line was transported to Paris. All the interiors were reached from a square containing several platforms displaying Dutch furniture design and manufactured goods.

Information Office of 'De Nederlanden van 1845' 1950-1952

■ This office had to be inserted at the corner of Muntplein and the Rokin boulevard in Amsterdam, an area bustling with city life. The design is of a refined simplicity. Bodon accepted the lack of space for a grand entrance zone and designed it as a narrow channel between inside and outside. Directly beyond, the space widens as the furniture is aligned to the rotated facade on the Rokin boulevard. The means used are minimal, modification of the facade being largely achieved by reorganizing existing material. All other material was chosen because it was inexpensive and thus all the more unobtrusive, with teak door-handles and a mahogany handrail for the stair. The chair is from a design by Titia Bodon.

Plan
1 Enclosed porch
2 Display window
3 Information office
4 Stair to offices

De Leperkoen House ¹⁹⁴⁸

■ This villa was built for a family of five and an elderly lady. The available ground, on the edge of a pinewood, is well-oriented to the sun and gently falls away to the east, where the best view is to be had. All in all it would seem that Bodon's prime consideration was to exploit this situation. The main volume of the house forms an angle, allowing this view to be enjoyed from both living rooms. Behind it is a remarkable entrance area. The hall – forming with the kitchen, storeroom and heating installations a low prefatory volume – serves as a spacious link between the open air, the kitchen and the heart of the house, the centrally located dining room. And this in turn – because the terrace has been brought in somewhat – forms the direct link between front and back of the house. The result is a space ostensibly very straightforward but in fact complex in the extreme, one that exploits the daylight from dawn to dusk. It is this light in all its subtle shades that makes the house open and at the same time intimate. It is easy to understand why, sixteen years after Schröder and Dupont, this simple house – erected in reddish-grey brick, with wooden door and window frames and ruberoid roofing – was the second project with which Bodon could identify fully.

Ground floor
1 Hall
2 Kitchen
3 Scullery
4 Toilet
5 Stair to cellar
6 Stair to upper floor
7 Dining room
8 Living room
9 Terrace
10 Second living room
11 Bedroom

Upper floor
1 Landing
2 Parents' bedroom
3 Bathroom
4 Children's bedroom
5 Balcony

Cross section

Pais House ¹⁹⁵³

■ The commission was for a house with a single floor surface built on a site on the Zuider Amstel Canal near Minervalaan in Amsterdam. The straightforward orientation (front towards the north, garden towards the sun) allowed Bodon to outline a archetypal horizontal volume – the prototype of a modern urban villa. Its principal rooms are on the ground floor, which is subdivided as follows. The living room, running from the front to the back of the house and whose glazing orients it to the south, forms a whole with the dining room. Separated from these are the bedrooms and a utility unit of kitchen, scullery, service entrance and garage. The roof structure contains rooms for personnel and storage, and a sewing room. The large roof garden can be reached from inside and outside.

■ On presenting the design a highly satisfied Bodon wrote in December 1953 to the client (who was in America at that time): 'It is now very definitely a town house....The sleek shape will fit very well, I think, into the surroundings, while the right choice of materials and finish could give it a rich yet subtle effect.' The reply was friendly yet firm: 'It looks most attractive but not exactly as we had envisaged it. Please spare yourself any further trouble for the time being.' The house was never built.

Van Meurs House and Doctor's Practice ¹⁹⁵⁸

■ When designing the house in Beverwijk there were two main problems facing the architect. First, though the site is ideally orientated – with the street side facing north – the plot does narrow dramatically to the rear. Second, the house had to visually represent both a dwelling and a doctor's practice. Bodon solved these problems in a single gesture by siting the house close to the street and layering it both visually and access-wise. Towards the street the practice opens out while the house is introverted; towards the garden (designed by the landscape architect M. Ruys) the reverse is true. The hall is a neutral space off which the practice can be reached directly and the house by way of a second front door. The house is simple in design with wooden window and door frames and a single steel column where openness requires it. As in De Leperkoen (which incidentally has a more buoyant character) the hall and dining room here form the point where main and ancillary volumes interlock. Here too is an element peculiar to many of Bodon's designs: an open destination (in this case the living room overlooking the garden) reached only through an enclosed shell.

Ground floor
1 Hall
2 Waiting room
3 Toilet
4 Surgery
5 Examination room
6 Entrance to living area
7 Dining area
8 Kitchen
9 Scullery
10 Living room
11 Garage

Upper floor
1 Landing
2 Parents' bedroom
3 Bathroom and toilet
4 Children's bedroom
5 Terrace

Fizeaubuurt Housing ^{1945 - 1949}

■ When designing the dwellings in the Fizeaubuurt area of Amsterdam Bodon was left little scope. The plans had been largely prescribed beforehand by Amsterdam Municipal Housing Department. The 'family' houses have a fairly cramped entrance and contain a large storage area that eliminates any flexibility in the plan. In the duplex apartments – two units over each other that may be combined (a housing type experimented with particularly just after the Second World War, without much success) – the ground floor living room is at the front and that on the upper floor at the back. This made it impossible to give every unit optimum orientation. Only in the openness of the housing estate's planning are Bodon's ideals clearly legible.

Site plan

Ground floor
1 Entrance to lower and upper units
2 Corridor
3 Living room
4 Bedroom
5 Kitchen
6 Toilet
7 Shower
8 Storage
9 Shed

Upper floor
1 Corridor
2 Living room
3 Bedroom
4 Kitchen
5 Bathroom
6 Balcony

Shops and Housing 1957-1958

■ The houses and shops ranged round Confuciusplein in Amsterdam are easily the most successful housing scheme realized by Bodon. This is not entirely fortuitous, as they form part of Van Eesteren's General Expansion Plan of 1935, a context that until then he had only dreamt of. Now for the first time he could draw up an integral scheme, in which the floor plans of the houses and the form of the urban space could be arrived at in deliberation with the client, a housing association. The square (Confuciusplein) owes its sheltered nature to a six-storey high east wall and its good sunlighting to a southern wall half that height. The high-rise consists of a ground floor of shops, houses and storage space. The flats above are standard 'family' dwellings with the kitchen and children's bedroom on the access gallery and the living room and parents' bedroom on the square side. The smaller dwelling units on the topmost level are set back somewhat, making room for gardens one unit wide. The lowrise too contains shops entered from the square. Their service entrances and access to the housing above are, like those of the highrise dwellings, on the other side, so that the square could become a pedestrian precinct.

■ According to Bodon the plan shows the influence of Van Tijen, particularly in its acceptance of highrise as a housing type, and its use of full-length balconies. In addition a Corbusian tripartition is in evidence in the tall block: the double height of the shops, though countered by an awning halfway up, is deliberately reinforced by the steel balustrading at all first-floor dwellings. The uppermost level of housing, which shares an awning with large recesses terminates the block conclusively. The intermediate levels are welded into a visual whole by their imposing grid of white concrete.

Site plan
1 Square
2 Shops and gallery flats
3 Shops and upper-storey dwellings
4 Shops

Plan
1 Access gallery
2 Corridor
3 Living room
4 Bedroom
5 Bedroom
6 Kitchen
7 Storage
8 Bathroom
9 Toilet
10 Balcony (loggia)

Van Leer Office Building 1950-1951

■ In January 1950 several architects, among them Bodon, were invited to make a preliminary plan for an office building for Van Leer in Stadionsplein in Amsterdam. The plan had to be ready in four weeks. In the explanation accompanying his plan Bodon suggested that the location, on a square dominated by the Olympic Stadium and the Citroën building (both by the architect J. Wils), necessitated a robust architecture. For this reason he chose a basic form with two separate masses – a low volume covering almost the entire site and a tall tower. The low section mainly comprised functions associated with recreation: an exhibition gallery, reading room and library for the staff, and a theatre cum gymnasium. This section could also be used outside office hours. The tall volume was to be a grand building in six office levels above a double height ground floor. The latter, a large transparent hall one and a half metres above the level of the square and with an open gallery, had to make the building 'seem separate from the street'. Essential to the appearance were the choice of materials (predominantly concrete and glass), 'pilotis' supporting the highrise block, the termination in a roof structure and the constitution of the facade. Above the continuous strips of fenestration for an unbroken view are vertical concrete fins acting as sun-breaks. Every last one of these is a reference to Le Corbusier.

■ The project's completion was a traumatic affair. The Amsterdam planning authority serving as judges' panel, preferred Bodon's plan. But from the very first contact between architect and client, financial difficulties and misunderstandings about the site were major obstacles to the plan's realization. In the end the head office of Van Leer was built in Amstelveen in 1958 from a design by M. Breuer.

RAI Exhibition Building 1951-1961

■ When the idea came up at the beginning of the fifties to build a new exhibition centre for the RAI a site was proposed on the outskirts of prewar Amsterdam – a place near several approach roads capable of acquiring a parklike character and presenting no parking problems. The building had to house a multiplicity of activities – primarily, of course, exhibitions and trade fairs, but also circuses and sports events, receptions, shows and dinner parties. Above all it had to be able to expand into a centre for international business relationships. Based on these points of departure a programme was compiled over a period lasting years whose core was formed by four exhibition areas, one hall of 20,000 m² and three of some 4000 m². In addition there was to be space for small exhibitions, offices, conference rooms, a café-restaurant and several staff residences.

■ It became a complex in which, in answer to the required flexibility, all spaces are interlinked but can also be separated with sliding partitions and roll-down shutters. All components can be used separately. The most spectacular of these spatially and technically is the vast Europahal of 195 x 67.5 metres with a maximum clear height of 16.5 metres. To prevent leftover spaces the parabolic arches rest not on the ground but on heavy concrete piers linked beneath the floor of the hall by tension rods. The open head elevations afford a high level of daylight penetration. An important criterion in the choice of materials was durability and a minimum of maintenance. The result was much exposed concrete and curtain walls of aluminium and glass.

Site plan
1 Europa Complex
2 Holland Complex
3 Congress Centre
4 Amstelhal
5 Tunnel
6 Boerenwetering
7 Harbour
8 Europaplein
9 Beatrixpark
10 Wielingenstraat

Ground floor
1 Main entrance
2 Entrance to offices
3 Main lobby
4 Café ('Europacorner')
5 Reception
6 To the tunnel
7 'Europacafé'
8 Self-service
9 Washing-up area
10 Zuidhal
11 Westhal
12 Europahal
13 Oosthal
14 Noordhal
15 Entrance to Noordhal and Oosthal
16 Staff rooms
17 Inner court
18 Offices of RAI Vereniging

Elevation

RAI Congress Centre 1961-1965

■ While construction of the first phase was still in progress Bodon was commissioned by Amsterdam Municipality to design a congress centre to be built on the south side of (and directly linked to) the exhibition halls. The already existing café-restaurant and attendant meeting facilities and utility rooms could then be shared by the entire complex. The programme required one large and one less-large hall, six conference rooms and an extensive foyer area. The result was an L-shaped building. Able to accommodate 1560 persons, the large hall can be used not only for congresses but also function as a theatre, being fully equipped to do so (the downstage area can be enlarged with raisable sections of floor to a full-size proscenium). The smaller hall on the first floor, with room for 300 persons, can be used separately, as can the conference rooms.

■ The building's height equals that of the 'glass hall' (part of the first phase and serving as a link in the new situation), and is surpassed only by the contours of the two main halls and by the fly tower, a welcome vertical element in the silhouette of the RAI, also since the erection in the square of a tall structure bearing advertisements designed by Dick Elffers. The part of the building directly adjoining the exhibition halls has a concrete loadbearing structure, the remainder a steel frame. During its infill, therefore, spatial continuity was priority number one. One of Bodon's principal points of departure in this respect was that its attractive setting on the edge of the park was to be visible from inside the building, and anything that might evoke a sense of being closed in had to be avoided. Hence the structure was kept as tenuous as possible, the levels inside and outside are virtually the same, and both halls and the large foyer have full-height glazed partitions.

Plan
1 Entrance to main hall
2 Entrance to 'blue hall'
3 Foyer
4 Congress reception desk
5 To the cloakroom
6 Main hall
7 Stage
8 Secretariat
9 Dressing rooms
10 Secretarial hall
11 Press and directors' room
12 Passage to Westhal
13 Europa Restaurant

RAI Amstelhal 1969

■ In 1965, shortly after completion of the Congress Centre, the north side of the RAI was enhanced with a new entrance with individual booking offices, a new cloakroom and a freestanding awning for the Noordhal and Oosthal. The structure of this awning (a space frame supported at four points) was enlarged on in the following extension to the RAI, the Amstelhal. This hall has a surface area equalling that of the Europahal (190 x 60 metres) but as tall as the other three halls (a good ten metres). It joins up with the Europahal and Westhal, but can be used in complete independence, partly because it has its own café-restaurant on the water. Through this the original idea, abandoned in the fifties, of a main entrance on the north side of the complex was in a certain sense realized after all.

■ The space frame, adding to the hall's autonomous status within the RAI complex, is divided into four separate tables. The small-scale effect this achieves was striven after from the beginning because of fears that a too dominant hall would destroy the character of the adjacent park. Each of these tables has four fan-shaped steel legs on a heavy concrete foot. The transparent strips between the tables continue into the facades ensuring, together with twelve transparent domes in the roof, that this hall has a high level of daylight penetration. The self-bearing facades combine concrete, glass in steel frames and aluminium cladding.

Plan
1 Entrance
2 Offices above entrance
3 Passageway
4 Café-restaurant
5 Snack bar
6 Kitchen
7 Underpass
8 Inner court

Elevation

RAI Holland Complex 1977-1982

■ Though the roof of the Amstelhal rests on a minimum number of supporting points this transpired in practice to be a greater hindrance than expected. For that reason it was agreed, as soon as a new extension became imminent, that the freedom to do business in the halls to come should once again not be hampered by columns in the space. It was imperative, besides, that the halls should be erected quickly. The result is a complex comprising three halls, one of 10,000 m² and two of 5000 m² with a clear height of about twelve metres. As the RAI had stipulated ground-level parking space below the halls Bodon designed a heavy concrete undercroft and raised the floor level of the exhibition halls three-and-a-half metres. The spatial transition between the new extension and the existing buildings was breached by the required extension to the Congress Centre (conference rooms, a restaurant, offices and other utility rooms).

■ As with the the roof of the Amstelhal Bodon opted here for a lightweight space frame, this time resting on wall columns. For the smaller halls this created no problems as the span of 67.5 metres was easily attained. The solution for the large Hollandhal (97.5 x 97.5 metres) was found in a frame almost identical to the other two, but rotated forty-five degrees and supported by four beams. Glass and translucent synthetic panels in the facade made rooflights unnecessary. It is striking that the colour scheme of the Holland Complex reveals many similarities to that of the Schröder and Dupont bookshop.

Plan
1 Entrance and booking office
2 Entrance court
3 Main lobby
4 Hollandhal
5 Randstadhal
6 Deltahal
7 Offices
8 Congress Centre Halls
9 Parkzaal
10 Forumzaal
11 Working terrace

Cross section

Hoogovens Training Centre 1961-1966

■ This is where employees of the Hoogovens steelworks are trained. Situated just outside the actual factory grounds the school has room for five hundred trainees. The building is a very literal rendition of the tripartite programme of requirements. The theory section is a block in three levels. It has a north-south axis so that all classrooms, divided by a central corridor, can profit from the sun. The practical section is a true workshop cum annexe. This has a like orientation, but this time admitting daylight from the north through a saw-tooth roof. These two fairly introverted volumes are linked by an inviting, open section housing the reception, administration and cafeteria.

■ The logic expressed by this arrangement continues down to the smallest details. The application of steel as much in the loadbearing structure as in the finish enabled the building to function as a three-dimensional logo for the company it serves. From its prominence, however, it clearly occupies a special place within that company. The lavish cladding of the north light roof bestows on it a subtle 'surplus value'. From this it is clear at a glance – also for those seeing the building for the first time – that below it is no ordinary factory building, but something resembling one. The contrast between the horizontal nature of the workshop and the verticality of the theory section is a pointer to the future. For the prime consideration is expansion outwards, though expansion upwards is a second possibility.

Ground floor
1 Entrance
2 Hall
3 Theory rooms
4 Offices
5 Washroom-changing room
6 Workshop
7 Ramp to bicycle shed

Upper floor
1 Canteen
2 Kitchen
3 Stage
4 Balcony
5 Theory rooms

Cross section

Weesperstaete Office Building 1969-1971

■ Originally designed for hire purposes this office building was chosen during construction by the University of Amsterdam for their laboratory for the Subfaculty of Psychology and internally organized as such by Bodon. Thus it has acquired a double significance. It expresses the growth of the university during the sixties – it had to house sixteen hundred students and a hundred or so staff members. And situated on the large Weesperstraat-Wibautstraat thoroughfare it will always be the reminder of a period in which the city was threatened with many seemingly insurmountable problems.

■ Bodon's building forms an obvious corner of two streets though at the same time exhibits true independence. Located at street level are those functions open to the public; above them the box is hermetically sealed, its concrete frame encased in curtain walling in dark sunproof glass with matt-black steel sections. Its form and appearance – which immediately earned it the nicknames 'coffin' and 'black box' among the townsfolk – are first and foremost references to the confusion in urban development and renewal around 1970. When designing it Bodon took as his point of departure the fact that the building was to stand in a square that with kiosks, café and Metro station entrance could well have resembled a New York plaza. Hence his original plan for two further storeys and a roof structure, an idea which was rejected by the planning authorities.

Site plan
1 Weesperplein
2 Sarphatistraat
3 Office building
4 Plaza

AKZO Office Building 1971-1971

■ In its organization the head office of the AKZO concern is simplicity itself. Five office floors crowned with a rooftop directors' suite are surrounded by a half sunken parking level, a raised forecourt and a ground floor including the cafeteria. Inside, Bodon and co-designer Hein Salomonson strove after a certain eloquence and set out in particular to create a pleasant atmosphere. To this end they specified a stone floor in the light, airy hall and opted for unpainted wood for the ceiling and window frames. The offices are carpeted in greyish-brown; striking too is the soberness of the wooden furniture. The building's external aspects are less elementary. The office had to be erected at a particularly chaotic location cluttered with every imaginable element of the built environment: a busy traffic route, with along it a green strip with water and a park containing a number of small buildings, and a shopping centre with parking facilities, housing and offices.
■ This setting led the designers to create a visual urban element difficult to ignore, one in fact that is clearly involved with its surroundings. This is expressed above all in the contrast between the light grey concrete facade panels and the bronze-tinted glass. As an intended gesture towards the public domain around the shopping centre they built a low pavilion expressly for public exhibitions. But this was never to be, for the pavilion was almost immediately taken over by AKZO for its own use.

Plan
1 Raised forecourt
2 Entrance
3 Hall
4 Canteen
5 Offices
6 Exhibition pavilion

Extensions to Boymans-van Beuningen Museum 1963-1972

■ The museum was originally built in 1935 to a design by A. van der Steur. Because there was a lack of space from the very beginning, Van der Steur was occupied with plans to expand the premises until his death in 1953. But only in 1963 would the conditions be ripe for the only true solution (broadening the museum along Mathenesserlaan) and Bodon – who had succeeded Van der Steur – was commissioned to expand the building in two phases. The wish to exploit the available site to the full brought him to a compact, elongated volume split into three by two walkways. Daylight penetrates the ground floor through windows and on the upper level by way of rooflights. Within the heart of the extension, away from all daylight, is the print gallery. The building has a concrete frame, non-loadbearing brick walls and a steel saw-tooth roof structure. The main entrance forms part of a strip along the east facade originally intended as temporary. Bodon found it a difficult task extending Van der Steur's building, which he rated highly. This found its expression in his search for a relationship between old and new in volume, material and detail. Yet there is one great difference: Van der Steur's building is introverted, Bodon's extension is open, allowing activities within to be viewed from outside. Partly because the site where the second phase had been planned was earmarked for preservation by the planning authorities, work got no further than phase one.

Ground floor
1 Entrance
2 Cloakroom
3 Offices
4 Sculpture gallery
5 Temporary exhibitions
6 Print gallery
7 Coffee shop
8 Prints and drawings
9 Committee room
10 Bookshop
11 Passageway
12 Terrace
13 Forecourt
14 Old museum building

Upper floor
1 Visitors' walkway
2 Temporary exhibitions
3 Passageway
4 Old museum building

Elevation

Prefatory Building to Boymans-van Beuningen Museum 1989-1990

■ In 1989, the year when preparations began for an extension to the museum at the rear by H.J. Henket, Bodon drew up a plan for a new prefatory building. It incorporates a new entrance replacing the temporary one erected in 1972, flanked by a coffee shop and a bookshop. The design consists of a box in steel and glass, carefully separated from the existing building and able to function as a conservatory.

Plan
1 Entrance
2 Enclosed porch
3 Sculpture gallery
4 Bookshop
5 Coffee shop

Estel Office Building 1974-1976

■ In 1972 Hoogovens and the German firm of Hoesch were amalgamated, creating the need for a new head office for the new steel concern Estel, somewhere midway between IJmuiden on the Dutch coast and Dortmund in the Ruhr. This location became Nijmegen, on whose outskirts was a site unique in Dutch terms: a hill rising majestically out of the polder landscape. Bodon profited from this exceptional setting by designing a building whose silhouette forms the logical crown to the hill. The existing slope has been extended upwards in a series of terraces.
■ The plan reveals a central hall on which four office wings converge. Special facilities such as a restaurant, an auditorium and conference rooms occupy the lowest levels. The two subterranean levels providing parking space are of concrete. Above them the building is supported by a steel frame around a concrete core for stability. Worthy of note are the heavy round tubular sections used for columns and the mushroom construction that enable four light columns to be replaced on the ground floor by a single heavy one. This was done partly to keep the lobby, and with it much of the ground floor, as transparent as possible so as not to sever completely contact between the city and the surrounding countryside. The terraces – inspired by a visit Bodon made to Indonesia shortly before – balconies and roof projections lock interior and exterior in a dialogue recalling Frank Lloyd Wright. Building, garden (designed by M. Ruys) and hill fuse in one great integrated symbol with as much an element of pride as one of humility.

Site plan
1 Forecourt
2 Entrance
3 Parking area
4 Main building
5 Extension
6 Garden
7 Ooypolder

Upper floor
1 Hall
2 Offices
3 Terrace

Cross section

Halvemaan Restaurant ¹⁹⁸⁵⁻¹⁹⁸⁸

■ The 'Halvemaan' is the product of the collaboration between architect and client founded on well-made agreements as to the building's appearance and atmosphere. There was little flexibility available to Bodon, as the number of square metres and the height of the proposed restaurant were fixed in the brief. Within these limitations, however, the possibilities have been exploited fully. By designing a floor plan in the shape of a quadrant and having its right angle almost coincide with one of the angles of the site, Bodon guaranteed the restaurant's impressive appearance and offered its patrons a panoramic view of the adjacent water and green space.

■ Like many of Bodon's buildings this one seems smaller from the outside than it really is, owing to its being both compact and extremely transparent. Typical of Bodon is the way the visitor is gently guided towards the restaurant along a path leading inwards which just before reaching its destination seems to suddenly steer the visitor back outside, giving him a brief reminder of where he came from. The dining room on the upper floor seems to take us back to the beginning, to the bookshop of Schröder and Dupont. Here too – in the finest tradition of Modern Architecture – we can imagine ourselves standing on the bridge of a ship. And, much as the bookshop was the expression of the ideas of an inventive bookseller, Bodon sensed here that this restaurant was to be the chic living room of a restaurateur with a highly individual outlook.

Ground floor
1 Stair and ramp
2 Entrance
3 Porch with toilets
4 Reception
5 Wine storage
6 Terrace
7 Kitchen
8 Dumb-waiter
9 Stair to restaurant
10 Courtyard
11 Staff entrance

Upper floor
1 Restaurant
2 Pantry
3 Landing with cloakroom

Cross section

1906
Born in Vienna
1926
Apprenticed to Jan Wils in Voorburg
1927
Graduates from the School for Arts and Crafts in Budapest
1929
Settles in the Netherlands
1929-1932
Draughtsman at Buijs & Lürsen, The Hague
1930
Head of Buijs & Lürsen's drawing room during construction of the office for De Arbeiders-pers, Amsterdam
1932
Furniture designer at Ahrend & Son, Amsterdam
1932
First independent commission in the Nether-lands: the Schröder and Dupont bookshop, Amsterdam
1932-1956
Member of 'de 8' and the 'Dutch CIAM group'
1933-1943
Works at the Nieuwe Kunstschool in Amsterdam, first teaching interior design, from 1936 as director
1934-1939
Office manager at Merkelbach & Karsten, Amsterdam (assisting architect for construction of the A.V.R.O. studios at Hilversum, designer of extensions there)
1939
Member of the Dutch CIAM working group on 'Functional Exterior Walls'
1939
Adopts Dutch nationality
1941
Collaborates on the modern department of the exhibition 'In Holland staat een huis', Stedelijk Museum, Amsterdam
1942-1957
Member of the 'Study Group for Architectural Care of Postwar Housing' of the Dutch Archi-tects' Association (Amsterdam Circle), from 1947 known as the 'Study Group for Housing Architecture'
1945
Sets up his own office in Amsterdam
1946-1949
Teaches architecture at the Academy of the Arts, Amsterdam
1948-1958
Member of the 'Nagele Working Group' of 'de 8'
1952
Chairs the 'Research Committee on Standard Door and Window Frame Details'
1952-1960
Teaches architecture at the Academy of Archi-tecture, Amsterdam
1954
Joins the office of Van der Steur, Van Bruggen and Drexhage, Rotterdam; from 1974 known as DSBV Architects and Engineers
1960-1966, 1976-1982
Member and Chairman of the Amsterdam Planning Authority
1967
Member of the Roozenburg group, steering committee of the Dutch Architects' Association
1967-1968
Member of judges' panel (Congress Centre, Innsbruck, Austria)
1969-1980
Supervises construction of Hoog Catherijne shopping centre, Utrecht
1975-1986
Supervisor of Amsterdam's bridges
1977
Awarded National Steel Prize for the head office of ESTEL N.V., Nijmegen
1979
Awarded European Steel Prize for the head office of ESTEL N.V., Nijmegen
1979-1983
Supervisor of Stationsplein, Amsterdam
1980
Awarded the A.J. van Eck Prize for the Holland Complex of the RAI
1981
Appointed Officer of the Order of Orange Nassau
1982
Awarded the Merkelbach Prize for the RAI Complex, later denied by the Arts Council (Raad van de Kunst) on formal grounds
1983
Delivers a lecture to the Stylos Foundation on his work in general and the Holland Complex of the RAI in particular, Delft Technical Univer-sity
1983
National Steel Prize for the extensions to the RAI Complex awarded to Bodon, in collabora-tion with DSBV Architects and Engineers (J.H. Ploeger and J.W.B. Enserink)
1983
Awarded European Steel Prize for the exten-sions to the RAI Complex
1983
Receives the Annual Aluminium Award for the extensions to the RAI Complex
1983-1988
Member of Haarlem Planning Authority
1984
Delivers a lecture to the Academy of Architec-ture on his own work and the practice of archi-tecture, Amsterdam
1986
Exhibition 'A. Bodon: een keuze uit mijn werk. Architectuur 1926-1986', Stedelijk Museum, Amsterdam
1988
Member of panel judging limited competition for the Dutch Architectural Institute, Rotterdam

Alle werken tussen 1954 en 1982 zijn ontstaan in bureauverband met Drexhage, Sterkenburg, Bodon en Venstra, ingenieurs en architecten (D.S.B.V.)

Uitgevoerde projecten

1929
Interieur van een studievriend, Budapest
1932
Verbouw boekhandel Schröder en Dupont, Amsterdam
Buffet Van Eesteren
Stalen meubels voor Fa. Ahrend & Zn., Amsterdam
1934-1936
A.V.R.O.-studio (ontwerp van Merkelbach en Karsten, Bodon was uitvoerend architect en ontwierp interieur)
1937
Toonkamer Ahrend & Zn., Amsterdam
1938
Interieur woonhuis Van der Voet, Amsterdam
Orkeststoel voor de A.V.R.O.-studio
1940-1954
Verschillende stands op tentoonstellingen en beurzen
1941
F.I.V.A.-stand, Jaarbeurs Utrecht
1943
Woningbouw Slotermeer, Amsterdam
1945-1949
Woningbouw Fizeaubuurt, Amsterdam (i.s.m. L.H.P. Waterman)
Verbouw Sociëteit 'De Koepel', Amsterdam
1946
Verbouw kantoren Fa. A.S. Polak, Prins Hendrikkade, Amsterdam
Verbouw kantoren 'De Groene Amsterdammer', Amsterdam
Inrichting Textiel Najaarsbeurs, Utrecht (i.s.m. D. Elffers)
1946-1947
Interieur Faddegon en Krock B.V., Amsterdam
Bakkerij Vergouwe, Breskens
1946-1949
Woningbouw Wieringermeer/Wieringerwerf
1946-1950
Woningbouw, Breskens (i.s.m. L.A. Cysouw)
1947-1951
Verbouw Hirsch & Cie., Amsterdam (i.s.m. H. Salomonson)
1947-1960
Verbouw Fabriek Speed O'Rail, Fa. A.S. Polak, Amsterdam
1947-1956
Wederopbouw, Ter Heide
1948
Woonhuis 'De Leperkoen', Lunteren
Wederopbouw, Oostburg
Deelname aan studie stedebouwkundige plan van 'De 8' voor Nagele
Inrichting Textielvoorjaarsbeurs, Utrecht (i.s.m. D. Elffers)
1948-1952
Woningbouw, Rotterdam
1949
'Salon des artistes decorateurs 1949', Parijs

(i.s.m. H. Salomonson)
Verbouw woonhuis A. Polak, Amsterdam
Woonhuis-bakkerij Slikker, Den Helder
Inrichting tentoonstelling 'Goed maar mooi', Stedelijk Museum Amsterdam (i.s.m. H. Salomonson)
Verbouw café-restaurant Groothandels-gebouw, Rotterdam
Deelname aan de moderne afdeling van de tentoonstelling 'In Holland staat een huis", Stedelijk museum Amsterdam (o.a. een kamer voor een verzamelaar)
1949-1950
Van Melle's Fabrieken, Rotterdam (i.s.m. L.A. Cysouw)
1949-1952
Verbouw hoofd – en bijgebouwen Bergstich-ting, Laren
Verbouw Metro-Goldwyn-Meyer, Amsterdam (i.s.m. H. Salomonson)
Verbouw sigarenmagazijn Veeken, Groot-handelsgebouw Rotterdam
1950
Stands op textielbeurs, Brussel
1950-1953
Woonhuis Vermey, Hilversum
1950-1956
Verbouw Mirandole Voute & Co., Amsterdam
1950-1958
Verbouw en inrichting informatiekantoor 'De Nederlanden van 1845', Amsterdam (i.s.m. Titia Bodon)
1951
Verbouw panden Bergstichting, Amsterdam
Verbouw Nationale Coöperatieve Zuivelkoop-centrale, Amsterdam
Verbouw metaalwarenfabriek A.S. Polak, Amsterdam
1951-1961
RAI Tentoonstellingsgebouw, Amsterdam
1952
Herenzaak C & A Brenninckmeyer, Nieuwendijk Amsterdam
1952-1954
Interieur schouwburgzaal van beursgebouw, Emmeloord (i.s.m. H. Salomonson)
1952-1956
Woonhuis Royer, Hilversum
Verbouw C & A Brenninckmeyer, Damrak Amsterdam
1952-1957
Woningbouw, Slotermeer
1953-1954
Verbouw noodslachtplaats tot twee woningen, Aalsmeer
Interieurs Eerste Nederlandsche Verzekerings Mij., 's Gravenhage (i.s.m. Titia Bodon)
1953-1955
Verbouw Bergstichting, Laren
Lumière-theater, Rotterdam (i.s.m. A. Krijgsman)
1954-1959
Winkels, Slotermeer
1956
Café, Terheijde
Verbouw kantoren Sterovita N.V., Amsterdam
1956-1958
Verbouw Eerste Nederlandsche

Verzekerings Mij., Utrecht
1956-1960
Uitvoerend architect bij bouw Gemeen-schappelijk Administratiekantoor, Amsterdam (B. Merkelbach en P. Elling)
1957-1958
Winkels en woningen Confuciusplein, Amsterdam-Slotermeer
Kantoorgebouw Eerste Nederlandsche Verzekerings Mij., Rotterdam
1958
Woonhuis en artsenpraktijk Van Meurs, Beverwijk
1958-1959
Verbouw Eerste Nederlandsche Verzekerings Mij., Brussel
1959
Verbouw kunsthandel Santee Landweer, Amsterdam
Passage-bureau KLM, Rotterdam (i.s.m. H. Salomonson)
1959-1962
Apollohotel, Amsterdam
1960
Woonwijk Hatert, Nijmegen
Verbouw panden Hirsch & Cie., Amsterdam (i.s.m. H. Salomonson)
IJzerhandel Diepeveen, Rotterdam
1960-1961
Garagebedrijf RIVA, Amsterdam
1960-1962
Verbouw passage-bureau KLM, Amsterdam (i.s.m. H. Salomonson)
1961-1965
RAI Congrescentrum, Amsterdam (interieur i.s.m. H. Salomonson en Titia Bodon)
1961-1966
Opleidingscentrum Hoogovens, IJmuiden
1963-1972
Uitbreiding Museum Boymans-van Beuningen, Rotterdam (interieurs i.s.m. H. Salomonson)
1964-1966
Filmstudio Dollywood, Amsterdam
1968
Esso Motor Hotel, Amsterdam
1969
RAI Amstelhal, Amsterdam
1969-1971
Kantoorgebouw 'Weesperstaete', Amsterdam
1971
Kantoorgebouw AKZO N.V., Arnhem (i.s.m. H. Salomonson)
1972
Kantoorgebouw CIBA/GEIGY B.V., Arnhem
1974-1976
Kantoorgebouw Estel, Nijmegen (i.s.m. J.H. Ploeger)
1977-1982
RAI Holland Complex, Amsterdam
1985-1988
Restaurant 'Halvemaan', Amsterdam-Buiten-veldert (uitvoering i.s.m. Bureau Salomonson, Tempelman en Egberts)
1989-1990
Voorbouw Museum Boymans-van Beuningen, Rotterdam

Niet-uitgevoerde projecten

1926
Stoelontwerp
1927
Studiekamer-ontwerp, studie-ontwerp Kunst-nijverheidsschool
1932
Paviljoen jaarbeurs Budapest (prijsvraag, bekroond met 2e prijs)
1935
Goedkope Arbeiderswoningen, Amsterdam (prijsvraag i.s.m. arch. Merkelbach, Karsten en Groenewegen, bekroond)
Ontwerp voor Wereldtentoonstelling Amster-dam 1940 (i.s.m. arch. Groenewegen en Van Woerden)
1936-1937
Stadhuis Amsterdam (nationale prijsvraag i.s.m. W. La Croix)
1938
Zuigelingenzorg (prijsvraag van 'Architectura et Amicitia')
Vierklassige school (prijsvraag van 'Architectura et Amicita')
Verkeersbureau (prijsvraag van 'Architectura et Amicitia', bekroond)
Internaat Zonneheide (prijsvraag)
1940
Weekendhuis (meervoudige opdracht voor Stedelijk Museum Amsterdam, bekroond)
Middenstandswijk (prijsvraag 'Architectura et Amicitia')
1942
Bassisschool (prijsvraag van Cobouw)

1945
Oorlogsmonument op de Dam, Amsterdam
1946
Toonkamer Internationaal Kunstzijde Verkoop-
kantoor, Arnhem
Verplaatsbare schouwburg annex tentoon-
stellingsgebouw
1947-1949
Woningbouw, Nieuwendam-West
1949-1955
Woningbouw, Zunderdorp
1950
Inrichting tentoonstelling 'Mijlpaal '50',
Sonsbeek Arnhem
Kantoorgebouw Van Leer N.V., Amsterdam
(meervoudig opdracht, bekroond)
Woonhuis Andreau, Houston (Texas)
1952-1953
Verbouw kantoor Voss & Zn., Amsterdam
Verbouw winkelcentrum, gebouw Hirsch &
Cie., Rotterdam
1953
Woonhuis Pais, Amsterdam
Ompakkerij en garage Nationale Cooperatieve
Zuivelverkoopcentrale
1954
Café, Nagele
Verbouw landhuis 'Bosch en Vecht', Loenen
Verbouw C & A Brenninckmeyer, Kingstone en
Manchester
Rotterdams Radio Therapeutisch Instituut,
Rotterdam
1954-1955
Woningbouw, Bergen
1956
Uitbreiding Mirandole Voute en Co.,
Amsterdam
1957
Torenhuizen, Buitenveldert
Verbouw Theater Bellevue, Amsterdam
1962-1965
Verbouw Douwe Egberts, Utrecht
1967
Raadhuis, Amsterdam (internationale prijs-
vraag)
1970
Studie voor muziekcentrum Vredenburg,
Utrecht (i.s.m. arch. Spruit)
1975
Woonhuis van der Wiele, Michaelstatten,
Oostenrijk

Bibliografie

Interviews met Alexander Bodon

· Laseur, M., 'De RAI transparant uitgebreid.
Architect Alexander Bodon en de reflectie van
de lucht', *Avenue* 1984 nr. 5, 48-52
· Kroon, B., 'Ik kan het niet meer bijbenen',
De Tijd 1985 nr. 23, 48-49
· Laudy, Y., 'Laatbloeier architect Alexander
Bodon volgende week tachtig jaar. "Ik heb een
paar dingen gemaakt waar ik trots op ben"',
De Telegraaf, 30-8-1986
· Metz, T., 'Gesprek met architect A. Bodon. "Ik
droomde van rode, blauwe en gele vlakken"',
NRC Handelsblad, 5-9-1986
· Meulen, M. van der, 'Architect Bodon: "Ik zie
geen andere weg dan die ik bewandel"',
Het Parool, 12-9-1986
· Doove, E., E. Polack, 'Van Hongaarse kunst-
nijverheid tot Nederlandse architectuur – een
interview met Alexander Bodon', *Decorum*
1987 nr. 5, 5-9

Artikelen over Alexander Bodon

· Bodon, 'Sándor Munkái', *Új Épitészet* (New
Architecture) 1948 nr. 10, 383-389
· 'Architectuur-diplomatie', *De Tijd*, 2-2-1961
· Istrán, J., 'Bodon Sándor (Amszterdam)',
Magyar épitömüvészet 1966 nr. 1, 46-49
· Penkala, 'Alexander Bodon', *Wereld Kroniek*
1969 nr. 43
· Juhász, L., 'Alexander Bodon', *Tudomānyos
Magazin* 1977 nr. 3, 31-34
· Juhász, L., *'Alexander Bodon'*, Budapest 1977
· Ottenhof, F., *Goedkope Arbeiderswoningen*,

Amsterdam 1981 (herdruk)
· 'Bodon al 50 jaar modern', *Forum* 1982 nr. 4,
10-13
· Well Groeneveld, W. van, 'Architekt Alexander
Bodon bouwkunst van brede allure', *Eigen
Huis & Interieur* 1982 nr. 6, 31-33
· A. Bodon, *Een Keuze uit mijn werk. Architec-
tuur 1926-1986*, Tentoonstellingsbrochure
Stedelijk Museum, Amsterdam 1986
· Brouwer, R., 'Schraal verjaardagsgeschenk voor
Bodon', *Archis* 1986 nr. 10, 2
· Aardewerk, S., 'Bodon tachtig jaar', *Intern*
1986 nr. 3

Artikelen over projecten
van Alexander Bodon

**Verbouw boekhandel Schröder en Dupont,
Amsterdam, 1932**
· 'Een verjongde boekwinkel', *Bouwkundig
Weekblad* 1932 nr. 22, 187-189
· Wattjes, prof.ir. J.G., 'Een Moderne Boek-
winkel, Arch. H. Bodon', *Het Bouwbedrijf*, 1932
nr. 16, 207-209
· Duiker, J., 'Eenige moderne winkels te Amster-
dam. Boekhandel Schröder en Dupont,
Keizersgracht', *De 8 en Opbouw* 1932 nr. 11,
110-112
· Eibink, A., W.J. Gerretsen, J.L. Hendriks, *Heden-
daagse architectuur in Nederland*, Amsterdam
1937, 40-41
· Wink, Th., 'Drie nieuwe boekwinkelinterieurs',
Forum 1947 nr. 5, 107-118
· Burg, H., 'Het Nieuwe Bouwen in Amsterdam
in tweevoud. Boeiende exposities in het Stedelijk – en Architectuurmuseum', *Cobouw*,
8-4-1983

A.V.R.O.-studio's, Hilversum, 1934-1936
· Eesteren, C. van, 'Ter inleiding bij de afbeel-
dingen en de bespreking van het studio-
gebouw 2 van de A.V.R.O.', *De 8 en Opbouw*
1940 nr. 11, 169-174
· Holt, J.H., 'Beschouwingen over de uitbreiding
der A.V.R.O. studio', *De 8 en Opbouw* 1940
nr. 11, 180
· Kloos, J.P., 'Vormgeving, kleur – en materiaalkeuze bij de uitbreiding van de A.V.R.O.
studio's', *De 8 en Opbouw* 1940 nr. 11,
183-184

**Goedkope Arbeiderswoningen, Amsterdam,
1935 (niet uitgevoerd)**
· Loghem, J. van, 'De Amsterdamsche prijsvraag
voor goedkope woningen', *De 8 en Opbouw*
1935 nr. 26, 284-286

**Ontwerp voor Wereldtentoonstelling Amster-
dam 1940, 1936 (niet uitgevoerd)**
· Bodon, A., Joh.H. Groenewegen,
D. van Woerden, 'Wereldtentoonstelling
Amsterdam 1940. Belang voor Stad en Land
een project van de Groene', *De Groene Amster-
dammer*, 21-11-1936
· Bodon, A., Joh.H. Groenewegen,
D. van Woerden, 'Een suggestie voor wijlen de
wereldtentoonstelling te Amsterdam', *De 8 en
Opbouw* 1937 nr. 1, 3-8

Stadhuis, Amsterdam, 1937 (niet uitgevoerd)
'Le Corbusier verwerpt bekroonde stadhuis-
ontwerpen en beveelt aan: 1. Van Tijen c.s., 2.
Boeken, 3. Bodon en La Croix', *De Telegraaf*,
20-3-1939
'Le Corbusier's oordeel over Raadhuisprijsvraag "Prachtige ontwerpen, maar vooral
onder de niet-bekroonden"', *Ochtendblad*,
20-3-1939
'Le Corbusier over de raadhuisprijsvraag',
De 8 en Opbouw 1940 nr. 4, 39-40
Bodon, A., W. La Croix, 'Plan Motto "Kruispunt"', *De 8 en Opbouw* 1940 nr. 7/8,
63-65

Verkeersbureau, 1938 (niet uitgevoerd)
Smits, A., Joh.H. Groenewegen, D.C. Engel,
'Architectura et Amicitia. Ontwerpstudie
No. 10', *Bouwkundig Weekblad Architectura*,
1938 nr. 9, 65-70

**Woningbouw, Nieuwendam-West, 1947-1949
(niet uitgevoerd)**
Bodon, A., 'Woningen te Nieuwendam', *Bouw*
1949 nr. 23, 386-389

Verbouw Hirsch & Cie., Amsterdam, 1947-1951
Boeken, ir. A., 'Enkele aantekeningen bij de
verbouwing van Hirsch & Cie te Amsterdam',
Forum 1948 nr. 12, 338-341

Woonhuis 'De Leperkoen', Lunteren, 1948
'Woonhuis te Lunteren (in aanbouw)', *Forum*
1949 nr. 2/3, 83-84
'Een Woonhuis te Lunteren, arch. A. Bodon',
Goed Wonen 1953 nr. 4, 60-61
Heyken, R., 'Ein kleines Wohnhaus in Lunteren/
Holland', *Architektur und Wohnform* 1953 nr.
5, 150-151
Bodon, A., 'Woonhuis te Lunteren', *Bouw-
kundig Weekblad* 1953 nr. 27/28, 209-211
Mieras, J., *Na-oorlogse Bouwkunst in Neder-
land*, Amsterdam 1954, 153

**Nagele, stedebouwkundig plan van 'De 8',
1948**
Kloos, M., 'Nagele, het paradijs op aarde', *De
Volkskrant*, 28-12-1984
Hemel, Z., V. van Rossem, *Nagele – een collec-
tief ontwerp 1947-1957*, Amsterdam 1984

Van Melle's Fabrieken, Rotterdam, 1949-1950
'Van Melle's fabrieken te Rotterdam', *Forum*
1949 nr. 2/3, 66
Bodon, A., 'Van Melle's fabrieken te Rotterdam', *Bouwkundig Weekblad* 1950 nr. 46,
709-714
Mieras, J., *Na-oorlogse Bouwkunst in Nederland*, Amsterdam 1954, 175-177

**Verbouw C & A Brenninckmeijer, Damrak
Amsterdam, 1952-1956**
Duintjer, M., 'Bij een zevental winkels', *Forum*
1953 nr. 6, 205-214

Woonhuis Royer, Hilversum, 1952-1956
'Architect A. Bodon, een woonhuis te Hilversum,
1953', *Goed Wonen* 1954 nr. 12, 179-182

**Interieurs Eerste Nederlandsche Verzekerings-
maatschappij, 's Gravenhage, 1953-1954**
'Eerste Nederlandsche – Nieuwe Eerste Nederlandsche te Den Haag', *Bouwkundig Weekblad*
1956 nr. 44, 473-479

Lumière Theater, Rotterdam, 1953-1956
Krijgsman, A., 'De Architect aan het Woord...,
De heren A. Krijgsman en A. Bodon over de
bouw van het Lumière Theater te Rotterdam',
Film 1956 april, 16-18
'Lumière Theater', *Informatieblad Bouw-
centrum Rotterdam*, A8 Bioscopen, NL 1958

**Gemeenschappelijk Administratiekantoor,
Amsterdam, 1956-1960**
'De bouwmeesters aan ons hoofdkantoor',
Open Kaart 1960 nr. 16, 4-5
Merkelbach, B., 'Gemeenschappelijk Admini-
stratiekantoor te Amsterdam', *Bouwkundig
Weekblad* 1960 nr. 26, 585-595
Melle, J. van, 'De Inductair air conditioning
installatie van het kantoorgebouw van het
G.A.K. te Amsterdam', *Bronwerk. Technisch
Nieuws* 1960 nr. 6, 27-31
Bodon, A., 'Gemeenschappelijk administratie-
kantoor te Amsterdam', *Bouw* 1965 nr. 44,
1632-1635

**Kantoorgebouw Eerste Nederlandsche Verze-
keringsmaatschappij, Rotterdam, 1957-1958**
'Kantoorgebouw aan de Rotterdamse Cool-
singel', *Bouw* 1957 nr. 7, 155
'Gebouw Eerste Nederlandsche in gebruik
genomen. Oostzijde Coolsingel voltooid',
NRC, 1-6-1959
'Sluitstuk Coolsingel Oostzijde te Rotterdam',
De Raadgevende Ingenieur 1959 nr. 10, 210
Bodon, A. e.a., 'Kantoorgebouw Eerste Neder-
lansche te Rotterdam', *Bouwkundig Weekblad*
1960 nr. 4, 73-75
'Gebouw Eerste Nederlandsche, Rotterdam',
Bouwkundig Weekblad 1961 nr. 13, 268
'Bürohaus in Rotterdam', *Baumeister* 1961
nr. 6, 527
Bodon, A. e.a., 'Kantoorgebouw voor de
"Eerste Nedelandsche" aan de Coolsingel te
Rotterdam', *Bouw* 1963 nr. 16, 476-479

**Winkels en galerijwoningen Confuciusplein,
Amsterdam-Slotermeer 1957-1958**
'Galerijwoningen aan het Confuciusplein
Amsterdam-Slotermeer', *Forum* 1957 nr. 7,
220-225
Balen, ir. J. van, 'Architectuur van deze eeuw.
50 jaar architectuur in Nederland', *Katholiek
Bouwblad* (Tijdschrift voor Architectuur en
Beeldende Kunsten) 1962 nr. 4, 66-67

**RAI Tentoonstellingsgebouw, Amsterdam
1951-1961**
'Het Nieuwe RAI-gebouw', *Bouw* 22-2-1958,
195
'Het nieuwe R.A.I.-gebouw', *RAI* 1958 nr. 4, 61
Bodon, A., 'Het nieuwe R.A.I.-gebouw. Een
korte toelichting van de architect, de heer
A. Bodon', *RAI* 1958 nr. 19, 337-338
'Vier hectare groot wordt de nieuwe R.A.I.',

De Spiegel 1958 nr. 45, 14-15
'Eerste paal voor nieuwe R.A,I,-gebouw is de
grond in', *Algemeen Handelsblad*, 6-11-1958
Eriksson, E.F., 'Bij de eerste paal van het
komende R.A.I.-Gebouw', *RAI* 1958 nr. 20,
351-355
'De bouwvergunning is er! Het nieuwe R.A.I.-
gebouw', *RAI* 1959 nr. 13, 224-225
'De geestelijke vader', *RAI* 1961 nr. 2, 26-31
Bodon, A., '10 jaar studie ging aan de bouw
vooraf', *RAI* 1961 nr. 2, 32-35
Nes, A. van, 'Een wonder is de RAI!' (gedicht),
Wierings Weekblad, 26-1-1961
Redeker, H., 'Het nieuwe R.A.I. gebouw:
Hollands degelijk en functioneel', *Algemeen
Handelsblad*, 1-2-1961
'RAI: paleis met onmetelijke zalen', *Het Vrije
Volk*, 2-2-1961
'Glorieuze dag voor Amsterdam. Prins opent
het trotse nieuwe RAI-gebouw', *Het Parool*,
2-2-1961
Wit, ir. C. de, 'RAI-gebouw geen experiment;
nuchter, degelijk, verantwoord. Uiterlijk te
veel optelsom van (op zichzelf geslaagde)
bouwlichamen', *Het Parool*, 2-2-1961
Jansen, H.A., 'Welkom aan de nieuwe RAI. De
RAI in een nieuw gewaad', *De Groene Amster-
dammer*, 4-2-1961
'Het nieuwe RAI-gebouw te Amsterdam',
Bouwwereld 1961 nr. 4, 146-152
Zwarts, M.E., I. Salomons, 'Het komplex van
Bodon', *Delftse School* 1961 nr. 3, 47-52
'Tentoonstellingsgebouwen voltooid en feeste-
lijk geopend', *Amsterdam Werkt* 1961 nr. 6,
13-22
Kalkhoven, R., 'RAI, droompaleis voor de stout-
ste wensen', *Katholieke Illustratie* 1961 nr. 8,
19-21
'Netherlands Amsterdam Exhibition', *Inter-
build* 1961 nr. 8, 11-12
Bodon, A., 'R.A.I.-gebouw, Amsterdam', *Bouw*
1961 nr. 32, 972-979
'R.A.I. Tentoonstellingscomplex/Amsterdam',
Licht 1961 nr. 65, 3-9
Sterkenburg, ir. J.J., 'Le Halle de l'Europe du
Bâtiment R.A.I. à Amsterdam (Pays-Bas)', *Acier/
Stahl/Steel* 1962 nr. 7/8, 318-324

Apollohotel, Amsterdam, 1959-1962
Apollohotel, Amsterdam, 1959-1962
'Apollo-Hotel, antwoord op Hilton-Project',
De Telegraaf, 17-6-1959
Bodon, A., 'Apollohotel te Amsterdam', *Bouw-
kundig Weekblad* 1962 nr. 19, 377-382
Bodon, A., 'Apollohotel, Amsterdam', *Bouw*
1962 nr. 40, 1426-1429
'Amsterdam's 'Apollohotel' gereed! 'Apollo-
gies' completeert een veelzijdig en fraai
gelegen complex', *Horeca* 1962 nr. 6, 497
'Magnificent Expansion of the Apollo Hotel in
Amsterdam', *The Commercial Tourist* 1969, 10

**Verbouw passage-bureau KLM, Amsterdam,
1960-1961**
'Passage-bureau K.L.M. te Amsterdam', *Bouwkundig Weekblad* 1962 nr. 19, 394-396

RAI Congrescentrum, Amsterdam 1961-1965

Vriend, J.J., 'Er kunnen meer congressen
worden gehouden (in Amsterdam)', *De Groene
Amsterdammer*, 23-1-1965
Wiekart, K., 'De feestelijkheid van het functio-
nalisme. Het internationaal Congrescentrum
te Amsterdam', *Vrij Nederland*, 6-2-1965
Bodon, A., ir. J.J. Sterkenburg, 'Tentoonstellings
– en congrescentrum RAI/Amsterdam',
Publieke Werken 1965 nr. 2, 13-32
Bodon, A., 'Congrescentrum RAI te Amsterdam', *Bouwkundig Weekblad* 1965 nr. 8,
125-133
Salomonson, H., 'Bouwen....binnen', *Bouwkundig Weekblad* 1965 nr. 8, 134-135
Bodon, A., 'Ingangsluifel van het RAI-gebouw',
Bouwkundig Weekblad 1965 nr. 8, 136
Buffinga, A., 'Gaat Haags congresgebouw het
winnen van het Amsterdamse? Architec-
tonische functionaliteit van RAI schiet ernstig
tekort', *Haagsche Courant*, 13-2-1965
Bodon, A., 'Congrescenrum R.A.I. te Amster-
dam', *Bouw* 1965 nr. 24, 876-884
'Het Internationaal Congrescentrum te Amster-
dam. Licht en ruimte als primaire bouw-
stoffen', *NRC*, 25-9-1965
Bodon, A., 'Das Kongresszentrum R.A.I. in
Amsterdam', *Der Aufbau* 1967 nr. 5, 190-195
'Internationaal Congrescentrum, Amsterdam',
Documentatie Bouwwezen 1967, Bouw-
constructies, staal
Floor, M., 'Amerikanen vol bewondering voor
RAI-congrescentrum', *NRC Handelsblad*, 16-6-
1971

**Opleidingscentrum Hoogovens, IJmuiden
1961-1966**
Bodon, A. e.a., 'Opleidingscentrum te
IJmuiden', *Bouwkundig Weekblad* 1969 nr. 20,
440-443
'Opleidingscentrum in IJmuiden', *Bouw* 1970
nr.24, 1026-1029

**Uitbreiding Museum Boymans-van Beuningen,
Rotterdam 1963-1973**
'Boymans-van Beuningens nieuwe vleugel.
Verrassend mooi museum voor naoorlogse
kunst in Rotterdam', *Rotterdamsch Nieuws-
blad*, 30-5 1972
Juffermans, J., 'Museum Boymans-van
Beuningen neemt nieuwe vleugel in gebruik',
Algemeen Dagblad, 30-5-1972
Kloppers, A.G., 'Boymans-van Beuningen
wordt ontmoetingsplaats van cosmopolitische
allure. Nieuwe vleugel donderdag open voor
't publiek', *NRC Handelsblad*, 30-5-1972
Beek, M. van, 'Boymans-van Beuningen biedt
weids perspectief', *De Tijd*, 30-5-1972
Penders, W., 'Boymans heeft zijn nieuwe
vleugel. Technische snufjes op gebied van
verlichting en beveiliging', *Het Vaderland*,
1-6-1972
Caso, 'Promotion d'une grande institution à
Rotterdam. Inauguration d'une nouvelle aile
du musée Boymans-van Beuningen. Des salles
élégantes et claires ouvertes à toutes les
tendances', *Le Soir*, 1-6-1972
Welling, , 'Nieuw museum hoeft voorlopig
niets speciaals te doen',